たたかう自治

知事・武村正義物語

新井正之

朝日新聞記者

風媒社

たたかう自治——知事・武村正義物語

本書に寄せて

武村正義

この世に生まれて八十六年。

「あなたの人生を一言で」と問われたら、まずは「幸せな人生でした」「悔いはありません」と答えるだろう。そして「しかしふりかえると、悲喜こもごもいろんなことがありました」とつづけるだろうか。

誰の人生にも凹凸があり、屈折がある。私の人生も試行錯誤のくりかえしであった。「一番印象に残る時代はいつですか」ときかれたら、私は迷わず「知事時代です」と答える。知らないことや経験したことのない事柄の連続であった。つぎつぎと目の前に大きな壁が立ちはだかった。それでもその壁を前にして、私はひるむことはなかった。天のじゃくである。

知事に就任して最初の決済が、予算がないのに大きな人件費の補正予算を決めることだった。自治省からは「財政再建団体だ」と言われた。それでもカラ予算を組んで武村県政は出発した。

　並行して「土地転がし事件」が起こった。土地開発公社が、時価の数倍の異常な高価格で土地を買わされていた。刑事事件にもなったが、最後は東京で田中角栄さんの仲介で、時価で再契約をして落着した。

　追っかけるように大事なびわ湖に赤潮が発生した。私は「びわ湖が悲鳴をあげている」と叫んで、水質の改善にとりくんだ。淡水湖で赤潮の出るのは世界でも初めてであっただけに、この問題の解決にも教科書はなかった。

　朝日新聞の新井さんによって、この書物はつくられた。何よりも私の「知事時代」に目をつけて下さった新井さんに敬意を表したい。原稿を読んでいて、私はついつい自分の半世紀をこえる昔のできごとに興奮してしまった。すっかり若がえったのである。

　この世に生まれたことを本当に良かったと思っている。

たたかう自治——知事・武村正義物語　目次

本書に寄せて　武村正義……2

I

1 選挙……8
2 財政危機……41
3 土地転がし……55
4 文化と草の根……73
5 赤潮……100
6 県庁移転……139

II

知事ができること――武村正義インタビュー……167

参考文献……230

あとがき……232

I

1　選挙

男たちの訪問

遠目にも、８人の男たちからは異様な雰囲気を感じ取れた。まだ夏の暑さが残るなか、揃って黒っぽい背広にネクタイを締め、白いシャツで働く市職員たちの横を縫うように歩いてくる。１９７４年９月８日。滋賀県八日市市は市庁舎の建設のため、旧八日市小学校の講堂に仮庁舎を置いていた。フロアは各課に区切られ、舞台袖の小さな控え室が市長室だった。その部屋から、市長の武村正義はフロアを横切ってこちらに向かって来る男たちを見つめていた。

　滋賀県は中心に広さ670平方キロの琵琶湖を抱える。県の面積の約6分の1を占める日本最大の湖だ。湖の東、今は自治体合併で東近江市の一部になっている八日市市は、当時の人口が約3万人余りの小規模な田園都市だった。武村は就任して3年余り。2週間足らず前に40歳になったばかりの若き市長だった。

　8人は県内の労働4団体の幹部ら。武村は、自分と同世代の40代前後と見て取った。訪問の用件は11月に迫った知事選についてだ。彼らは「自民党をどう思うか」「今の県政をどう考えるか」などと武村に尋ねた。武村は自分の考えを率直に述べたと思うが、具体的にどう答えたか覚えていない。知事の野崎欣一郎には良い印象を持っていなかったので、対抗する人が出れば応援したい意向くらいは伝えただろう。30分足らずで男たちは市長室を後にした。

　2日後の朝、新聞を開いた武村は血の気が引くのを感じた。見出しは「武村氏擁立を」。労働4団体が社会党に武村を知事選候補に推すよう促したと、記事は伝えていた。

「しまった」と武村は思った。訪ねてきた労働団体幹部らから、知事選に立候補する気があるか、といった打診めいた言葉はなかった。しかし彼らは、野党が立てる知事選候補として適任かどうか、武村という人物を見極めるために来たのだ。「目的は僕の値踏みだったか」。そう気づいたとき、すでに政治の歯車は武村を組み込み、カチリと回り始めていた。

冷遇

武村は1934年8月26日、蒲生《がもう》郡玉緒村（現在は東近江市柴原南町）の農家に次男として生まれた。男3人、女3人の6人きょうだいで上から4番目。地元の八日市高校を出て、東大経済学部を卒業した時は27歳だった。

一般企業の数社から内定を受けたが、公務員の道に進んだ。すでに結婚し子どももいて、給与や生活の安定を考えれば民間企業の方がいい。しかし武村は「世の中に幅広く関わっていきたい」「パブリックな分野に貢献する人生を歩みたい」との思いが強かった。

国家公務員試験の成績は他の省庁にも入れるくらいに良かったが、選んだのは自治省だった。田舎育ちの武村にとって、地方の現場をベースにして仕事をする自治省の職員は魅力的に映った。数年で県の課長に就いて責任ある仕事ができる立場になれるのも、人よりも年齢を重ねてから就職した武村にとって、時間を取り戻し、早く一人前になりたい気持ちに沿う職業に思えた。

入省当時に思い描いていた通り、武村は30代で埼玉県に出向して課長になり、県内の市長や町長と話す日々を過ごした。自治体の経営者として自分のまちづくりのビジョンを熱っぽく語る首長たちと会うたび、「面白いなあ」という思いが募った。「自分も市長をやってみたい」。そんな気持ちがムラムラと沸き起こると、居ても立ってもいられない性分だ。生まれ故郷の八日市市を調べてみると、市長は70歳を過ぎていた。迷わず自治省に辞表を出して、71年に市長選に挑戦。引退した市長が後継に指名した助役を下し、36歳で市長のいすを獲得した。

市長に就くと、武村は次々にユニークな政策を打ち出し、着実に実現していった。市内に自転車専用道路を張り巡らせる「自転車都市宣言」、市民の意見や要望、苦情などをすくい上げる「何でも聞く課」、行政機関を集約して新たな市街地につくり直すニュータウン建設――。自ら自転車で市内を走り回って「自転車市長」と呼ばれ、斬新なアイデア政策は度々ニュースに登場し、武村は面白い施策を進める若手市長として注目を浴び、全国から講演の依頼が舞い込むようになっていた。

そんな武村が、「知事候補」と新聞に伝えられて「しまった」と思ったのは、「知事」を目指す気持ちが端からなかったためだ。

市長選に挑んだ時、相手陣営からは「将来国会議員になる野望のため、市長を踏み台にしている」と批判された。武村はこれに真っ向から反論した。「野望は英語でアンビシャスだ」と、札幌農学校を開いたクラーク博士の有名な言葉「少年よ大志を抱け」を連想させた。そして、「僕には野心がある。その野心を実現するため、一生懸命に市長として仕事をする。野心のない政治家は、頭の悪い学者、金のない財界人みたいなものだ」と胸を張った。

言葉通り、武村は市長を2期か3期務めた後の身の振り方として、国会議員を選択肢の一つに考えていた。自治省の中では、「首長10年論」という考えが広がっていた。長期にわたってトップのいすに座り続けるのは、独裁化や組織の硬直化、癒着による政治腐敗を起こす恐れがある。そうした理由から、首長の任期は10年くらいが適当だとされ、「もっともだ」と武村も考えていた。

故郷の市長を目指す気持ちを知り合った国会議員やその秘書に相談すると、「市長なんて遠回りはやめて、初めから国政選挙に出た方がいい。一度落選したとしても、次は当選できる」といったアドバイスを何度も受けた。しかし、武村が魅力を感じ、やりたいと思った仕事は、市長としての自治体経営だった。

任期を2期務めると8年、3期なら12年。3期を終えてもまだ50歳になっていない。市長はそこまでと心に決めてはいても、まだ働き盛りだ。国会議員にと誘ってくれた人たちの言葉もあってか、市長を辞めた後は国会に出るのかなと思っていた。ただ、市長は決してステップではなく武村が目指す仕事であり、その後の国会議員は野望とは程遠い、焦点を結ばないぼんやりとした像にすぎなかった。

そんな考えだったから、人生設計に「知事」はまったく描いていなかった。知事を目指すなら、自治省に残ってどこかの県で部長や副知事を務め、機会をうかがう道があった。

事実そうした道筋で知事になった役所の先輩は少なくなかった。しかし、武村は故郷の市長として思い切り自治体経営をしてみたいという志を抱いて省を飛び出した。知事が頭の隅にでもあれば、もう少し逡巡したはずだった。

「しまった」には、もう一つ理由があった。当時の知事、野崎欣一郎のことだ。旧内務官僚で滋賀県に入庁し、総務部長、副知事を務めて、1966年の知事選で自民、社会、民社の各党から推薦を得て当選。迫っていた知事選に、3期目を目指して立候補する意思を明らかにしていた。

自治省には、大正時代から幹部になった職員の名を連ねた名簿があった。内務官僚の野崎の名も載っているのを見ていた武村は、省の先輩という意識を持っていた。市長になってから年に数回、要望のために野崎と会う機会はあった。しかし、飲み食いをともにする先輩後輩のような関係は生まれなかった。とにかく無口、という印象が強く残っている。要望の際に武村が質問すると、よく聞き取れない言葉が二言三言返ってくるだけ。自分から好んで口を開くことはなかった。「ようこんな人が政治家になったなあ」と武村は半分呆れながら、野崎の懐に入れずにいた。

2年もすると、親しくなるどころか敬遠され、さらに県庁全体から八日市市が「いじめ」のような仕打ちを受けるようになってきた。要望していた事業の補助金をつけてくれないし、国が決めた政策の予算も執行を遅らせてくる。県の職員も上層部になるほど、あからさまに冷たい態度で接してきた。「野崎さんが僕を快く思っていないことが、県職員に伝わったのでは」と武村は勘ぐった。知事の気持ちを忖度した県幹部が、八日市市に意地悪をしている。そうとしか思えなかった。

嫌われる理由を探してみて、思いつくのは野崎の邪推だった。「武村が知事の座を狙っている」という思い込みだ。武村は「将来は国会」と明言していたが、県議会の中に「将来知事を望んでいる」との噂話があったのは知っていた。地元ローカル紙に、将来の知事候補と書かれたこともあった。武村には野心がある、今のうちに潰しておけ。野崎がそう考えたのではと、武村もまた憶測せざるを得なかった。

労働団体幹部の訪問を受けた直前の8月、八日市市は「市制20周年記念式典」を開いた。こうした式典には知事が出席し、祝辞を述べるのが一般的だった。しかし野崎は姿を見せず、県出納長を代理に寄こした。これには武村も驚いた。「ここまで異常な扱いをするのか」と、野崎の警戒をまざまざと肌で感じた。野崎知事のままでは、八日市市にとってマイナスだ。武村も野崎に反発し、知事選で対立候補が出れば応援しようと腹を固めていた。だから労働団体の幹部らにも、そう伝えたつもりだった。

しかし、その対抗馬が自分だとは思ってもいなかった。新聞に出た名前を消すことはできない。報道を知った野崎は「やはりそうか」と思うだろう。県からの「いじめ」がさらにエスカレートすると予想せざるを得ない。「しまった」の言葉には、小さな地方都市を経営する市長として、県との関係悪化を心配する気持ちが滲んでいた。

知事候補と名指しされた新聞報道が出た翌日の9月10日、武村は大津市に出向いて労働4団体の代表と面会した。会談後に立候補表明があるのではと、マスコミ各社が集まっていた。が、報道陣の予想に反して、武村は要請を断った。市長1期目の任期も終えていないのに知事選に出るのはモラル、道義に反すると、武村は自分の気持ちを正直に伝えた。翌日の朝日新聞は「立候補固辞の意思は固い、とみられる」と報じた。これで知事選の話はおしまいと、武村は思っていた。しかし、いったん動き出した流れを止めるのは、たやすくはなかった。

勢い

武村を知事選の渦に引き込んだのは、労働団体を支持母体とする野党各党だった。そこには、独自候補の擁立を目指す時代の背景があった。

社会と民社の両党は1966年の知事選で、初挑戦した野崎を自民とともに推薦していた。しかし、琵琶湖総合開発などの大規模事業を進める野崎の方針に反発し、袂を分かっていた。

野崎の3度目の選挙が近づくに連れ、全国でおこなわれた選挙では、長年政権を握る自民に対して野党が善戦するようになっていた。東京都知事選では、1967年に初当選して革新都政を敷いた美濃部亮吉が、71年に360万余りという空前の票を獲得して再選。大阪府でも71年の府知事選で、社会、共産から支持を受けた黒田了一が当選し、革新府政を誕生させていた。

県内では、72年の大津市長選で、社会、共産と労働団体の支持を受けた山田耕三郎が当選。74年7月の参院選滋賀選挙区では、自民候補が20万票を獲得して勝利を収めたものの、社会、共産、民主、公明の各党が立てた4候補の得票を合わせると28万票を超え、自民候補を8万票も上回った。時代の勢いに乗って共闘態勢が整えば知事選で勝ち目がある。政治状況を信じ、野党各党は候補の選定を急いでいた。

候補者選びの主導権を握っていたのが総評滋賀地評、滋賀同盟、滋賀中立労協、新産別滋賀地協の労働4団体だった。社会党系の総評、民社党系の同盟は左派、右派のイデオロギーの違いから犬猿の仲だったが、滋賀県では仲違いした頃のメンバーから世代交代が進み、連帯に向けたハードルは低かった。労働4団体が足並みをそろえて共闘したことについて、元東大総長で労働問題が専門の大河内一男・東大名誉教授は「全国的にも前例がない」と朝日新聞滋賀版にコメントしている。「労働界では『労働戦線統一』をいうが、腹の内は別。いまの政治混乱状況では、地方政治にもいい人を出すことが大切で、滋賀のケースは労働者の『新しい一歩前進』を感じさせる」と評価した。

候補者選定の議論に深く関わった若手の一人に、地評副議長の細谷卓爾がいた。武村と誕生日は5日違いで、同時期に東大で学んでいた。対抗馬として中央官庁の官僚ら何人かの名前が挙がっては消えていた。これという人材になかなかたどり着かず、細谷はジリジリとしていた。

9月2日、4団体と社会、民社の6者会談の席で、民社党前衆院議員の西田八郎が口を開いた。「八日市市長の武村はどうだ」。知事の野崎に反発している若手の市長という噂があったことから、武村の名が俎上に載った。細谷は武村と面識がなく、どんな男だろうと思った。8日、八日市市の仮庁舎を訪ねた労働団体幹部8人の1人に細谷は加わった。

細谷は初対面の武村に、「これはいいんじゃないか」と好印象を抱いた。若さはあるし、市長として手がける政策もアイデアに富んでいる。受け答えは朗らかで機知も感じられる。何より飾らない人柄が気に入った。「面白い男だ」とすっかり知事候補に推す気持ちに傾いていた。細谷は、武村が県政を担ってから起こるいくつかの重大な場面で重要な役割を果たすことになる。

労働4団体は、武村から立候補の固辞を伝えられた翌日の9月11日、武村擁立の方針を変えないことを確認した。選挙の告示が2カ月後に迫り、新たな候補を探すのが難しい事情もあっただろう。武村を説得して固辞を翻意させようと、一層結束が固まった。

4団体は武村氏擁立に異論があった社会党を説得し、11日夜には社会、民社両党と共に武村氏を訪ね、再度立候補を要請。さらに12日には、公明、共産両党と個別に会談し、武村氏の支持を求めた。

苦渋の決断

こうした動きに、武村の悩みは深まっていった。新聞は連日、武村の名前を知事選候補として報道した。当初は「知事選はやめておけ」という市民の意見が直接、間接に武村の耳に届いた。それが次第に、「何を迷っているんや、出え出え」と立候補の決断を促がす声も高まってきていた。

「このまま市長2期目になっても、まともな仕事ができないぞ」

「勝負をかけてほしい」

県から八日市市が蔑ろにされている事態を、市民は感じ取っていた。そうした声を聞き、武村の心中は追い詰められていた。

最後に背中を押したのは助役を先頭にした市の幹部たちだった。いじめのような仕打ちを続ける県への反発が、主戦論に火をつけた。県に立ち向かうしかないと、表情には悲壮な覚悟を浮かべ、「ここはもう、迷わず出てください」と訴えてきた。武村は意を決した。

「負けてもいいから立とう」

妙なヒロイズムが身体中に沸き立っていた。

13日、武村は大津市で立候補を表明した。「私にとって今度の決断ほど重々しく苦しいものはありませんでした」。八日市市長の職を任期途中で、それも1期目で退くことは、市民への裏切りにあたると、正直に胸の内を明かした。そのうえで、「しかし、県政への違和感が強くあったところに6団体（社会、民社両党と労働4団体）から要請があり、期待に応えようと思った。全力を挙げて新しい清潔な血の通った県政を樹立する覚悟です」と決意を表した。野崎県政に対しては、琵琶湖総合開発事業が市町村の意見を聴かずに進められていることなどを挙げ、「血の通わない県政」と厳しく批判。県民党の立場で選挙戦に臨むとしながら、「野崎県政を支えているのは自民党だから、私はこの選挙では反自民だ」とも述べた。

数日前まで武村が想像もしていなかった知事選への挑戦が始まった。しかし、現職の野崎を倒すため共闘を掲げる野党は一枚岩ではなかった。

社会党県本部は知事選候補として、武村は「反自民」の姿勢に疑問があると難色を示し、地評議長の駒井徳左ヱ門を擁立候補に挙げていた。しかし、武村が要請をいったん辞退した直後の11日、労働4団体は武村擁立の方針を改めて確認。駒井本人が「社会党に武村を推すよう考え直してほしい。私もそう努力したい」と、武村擁立に賛成する意向を強調した。4団体の意向を受けて、社会党内には武村擁立の声が強まった。

9月25日、社会党県本部は臨時党大会を開催。武村の「反自民」を疑問視する意見と、「労働団体や他の野党が武村を推す共闘に進んでいるのに、その流れに背くのは県民への裏切り」とする意見に分かれた。最終的には議長が「武村推薦」の案を提出し、拍手で採決。最大野党の態度がようやく定まったかに見えた。

ところが同夜、県本部委員長の後藤俊男ら三役は記者会見し、武村推薦の党大会決定は「党本部で了解される見込みがない」として、書記長の高橋勉を党独自候補とすると発表。まさに党三役によるクーデターだった。

地評副議長の細谷は、三役の行動に憤った。党内右派の三役と左派の前執行部の対立と論評する新聞記事もあったが、細谷はイデオロギーの違いとはまったく別の事情を嗅ぎ取っていた。

細谷が野崎県政を終わらせようと知事選に向けて懸命だったのは、大規模開発中心の政策に対する批判と、もう一つ、野崎と県の公共事業を牛耳る上田建設との癒着を正したい思いがあったためだ。社長の上田茂男は着流しの姿で県庁内を闊歩し、知事室に出入りしていると、公然の噂になっていた。その上田建設から社会党にもカネが流れている。そんな話を細谷は党県本部顧問だった法岡多聞から聞かされた。

細谷は一回り年上だった法岡と話が合い、親しい間柄だった。上田建設の情報に詳しい法岡から、高橋の擁立は野党の分裂によって野崎の当選を目論む策略だと聞かされた。

「許せん」と2人の思いは一致した。

社会党は9月30日に臨時大会を開き、委員長の後藤、副委員長の2人、書記長の高橋の党三役を除名。孤立した高橋は告示4日前の10月19日、立候補を断念した。「法岡さんが周囲にはわからないように重要な役回りを演じて、三役の首をすげ替えた。そう、フィクサーだったな」。細谷の法岡評だ。

社会、民社に続いて、共産、公明の両党も武村の推薦を決定。民社と共産は犬猿の仲だったが、民社党県連会長の西田八郎が共産へ「今度だけは一緒にやろう」と呼びかけた。細谷は「これで絶対に勝てる」と確信した。その自信は厳しい選挙戦を通じて、一度も揺らぐことはなかった。「正義」はこちらにある——。

助力

地元の八日市市で陣営を束ねたのは、武村の二つ年上の兄、勘一だった。

6人のきょうだいは、上2人が姉、男兄弟が3人続き、末っ子が妹。勘一の名は父勘七から1字を受け、正義とは2歳下の弟の岩巳も祖父の名の文字を継いでいる。ところが正義は家系から字をもらっていない。勘一も、武村本人も、名づけの理由を知らない。武村は「いくつかの名前を書いた紙を神棚に放り上げ、一番神に近かった紙に書いてあった名前にした」と聞いた記憶がある。ただ、誰から聞いたのか、本当にそうなのか、あやふやな覚えでしかない。「なんで自分だけ硬い名前だったんだろう」と、今は不思議に思うばかりだ。

きょうだいの子ども時代、武村家は線香の匂いが消えなかった。太平洋戦争中に母親が死去し、1949年には祖父、そして51年には村議会議長も務めた父が亡くなった。武村家は高校を卒業したばかりの勘一が背負うことになった。

父親が亡くなった時、武村は八日市高校2年。前年には朝鮮戦争が勃発し、共産党員が公職や企業などから追放、解雇されるレッドパージが始まり、国内の政情が不安定だったころだ。武村は政府の方針に反発する世の中の論調に共感してだんだんと左翼思想に染まり、「僕はパルチザンになる」と革命戦士を夢見る少年だった。思想はさておき、社会や国、世界に関心を持ち、政治への興味を抱いた。政治家の道への萌芽は、この高校生のときだ。

新聞部の部長を務めていた2年生の2学期、部員の一人が「日の丸と君が代」に反対する記事を書いてきた。担任の教師から掲載しないよう指導があったが、武村は校内新聞に掲載を決めた。これが問題になり、武村は学校から無期謹慎の処分を受けた。それでも処分が出た翌日、堂々と登校した。生徒会長にも立候補し、就任の挨拶で国の再軍備を批判し、吉田茂内閣打倒とする演説をぶった。武村は今、「学校側と対決することに青臭いヒロイズムを感じていたんでしょうね」と少し照れ臭そうに話す。

武村が学校側の対応をまったく意に介さない一方で、兄の勘一は保護者として学校に呼び出されては怒られた。しかし、兄は弟を叱ったことはなく、弟も叱られた覚えがない。勘一は「父の死から、正義の精神状態はおかしくなっていた」と弟を慮《おもんばか》っていた。「それよりも家族をどう養うか。生活が大変だったので弟の学校のことまで考える余裕がなかったのが本当のところでしょう」と勘一は語る。

その後もテストで白紙の答案を出すなどした武村だが、放校されないまま八日市高校を卒業する。勉強はまったくしていなかったから大学に入れるはずもない。就職、進学した同級生たちと遠ざかると、パルチザンになる夢想は霧散した。大学に進むよう叔父に諭されると素直に従った。参考書を買い込んで受験勉強を始めた。家には叔父が置いていたドイツ語の本がたくさんあったので、語学はドイツ語を選んだ。勘一は、ラジオ講座を聞いて勉強していた武村の姿をよく覚えている。

浪人して一人受験勉強した結果、志望の名古屋大工学部に入る。これからは技術の時代という叔父の助言と、まったくちんぷんかんぷんな物理が受験科目に入っていなかったことから選んだ大学だった。ところが、この選択は大きな間違いだった。すぐに授業についていけない現実を思い知らされた。モーターの断面図を描けと言われても、さっぱりわからない。エンジニアになるのは無理だと諦め、2年の春、文系の大学に入り直すため受験勉強をやり直そうと故郷に戻ってきた。

　武村の生家から東に10キロほどの山あいに、臨済宗永源寺派総本山の永源寺がある。武村はこの寺の一室を借りて勉強に打ち込んだ。兄の勘一は、せっかく入った大学を辞めて他の大学に進みたいと戻ってきた弟を、今度も叱ることはなかった。

　それどころか、寺に寄宿を頼んだのも勘一だ。武村は、わざわざ寺に籠りたいと兄に願った記憶はない。勘一も、なぜ永源寺に依頼したのか覚えていない。永源寺には知人もなければ仲立ちしてくれる人すらいない。勉強する部屋なら生家にもあった。だが勘一は独り総本山に赴いて、境内の一角に弟を住み込ませてもらえるよう頭を下げた。「会ったこともなかった執事長にお願いしました。今考えると横着なことをしたものです」。横着した、つまり図々しいことをしたと今は頭をかく。父親の代わりをしなければならない、という使命感もあった。「それに工学部は間違い。技術屋には向かない家系なのです」と笑う。

　武村も兄の勘一も約180センチの長身。勘一は「三男の岩巳は慎重な性格だったが、私と正義はよく言えば積極派、悪く言えば行け行けどんどんでね」と笑う。武村が官僚を辞めて市長選に挑むと故郷に戻った時も、「やろうやないか」と賛成した。冒険する方が楽しいと、新たな挑戦に躊躇しないところは、やはりよく似た性格のようだ。勘一は当時、叔父の石油販売会社に勤め、ガソリンスタンドを拡張する仕事に打ち込んでいた。車社会が到来し、県内に郊外型スタンドを設置していくノウハウを身につけていた。「選挙の経験はゼロでも、候補を売り込むのは商売と同じ」と、点から線に、線から面に、というガソリンスタンド経営で身につけたマーケティングの手法を選挙に置き換えた。すると面白いように票の掘り起こしにつながった。

武村が思わぬ知事選への挑戦を始めた時、勘一は会社の経営を甥に譲り、時間にも余裕があった。ガソリンスタンドは県内各地に設けていたので、八日市市以外の票起こしにも知恵を絞った。子どもの頃に遊んだ友人が県秘書課にいることを知ると、何度も会っては野崎陣営の内情を探ったこともあった。そうした兄の助けも借りて、武村は知事選の告示を迎えることになる。

「窓を開けて」

10月23日、滋賀県知事選は告示された。立候補を届け出たのは武村と野崎の2氏のみ。投票日の11月17日まで、両陣営はまさに一騎打ちの戦いの火蓋を切った。

当時の知事選の選挙期間は25日間。選挙区が広く、参院選や衆院選より長かった。その後何度か公職選挙法が改正され、現在は知事選と参院選が17日、衆院選が15日に短縮された。一般の市長、市議選は7日間、町村長、町村議選は5日間だ。選挙にカネがかかり過ぎるとの批判から、選挙運動の期間は少しずつ短くなっている。

40歳の武村が倒そうとした現職の野崎は53歳。大阪生まれで兵庫県で育ち京都大を卒業。官僚採用の高等文官試験に合格し、1943年に千葉県に赴く。兵役の頃は広島の部隊に所属し、原爆が投下された時は大阪への出張から戻る途中だったため九死に一生を得た。戦後まもない47年に滋賀県職員になってからは湖国を離れることなく、知事公室企画室長、厚生労働部長、教育長、総務部長、副知事と出世の階段を駆け上がった。

武村が「無口」と評した野崎だが、本人も雄弁ではないと自覚していたようだ。「座右の銘は熟慮断行。じっくり考えてやるべきことはやる」と候補者を紹介する朝日新聞のインタビューに答えている。一方で、「革新首長といわれる人はしばしば、あっちこっちの意見にとらわれ、結局腕組みしたまま何もできない人が多い。これでは社会の進歩について行けなくなってしまう」と、武村を意識した発言を続けている。

選挙が告示され、立候補を届け出ると、選挙管理委員会から選挙事務所の標札や選挙カーの表示板、拡声機の表示板など、いわゆる「選挙の七つ道具」が交付される。この七つ道具がなければ、選挙運動はできない。だから、選挙戦に臨む各陣営は届け出を済ませると、急いでこの道具を持って事務所に戻るのが常だ。

武村と野崎の両陣営は告示の朝、県庁前で第一声を上げた。交付された七つ道具をすぐに活用し、選挙戦をスタートさせるには合理的な方法と言える。翌日の新聞には、2台の

知事選が告示され、選挙カーの前に並んだ武村正義（左）、野崎欣一郎の両候補（1974 年 10 月）朝日新聞社提供

選挙カーを前に手を挙げて支持者の声援に応える武村と野崎が並び立つ姿の写真が掲載された。

まずマイクを握ったのは野崎だった。「琵琶湖は県の命でありシンボル。これを守れるのは県民だけです。みなさんの協力を得て琵琶湖総合開発を推進したい」と訴えた。続けて、「今後は日本一の健康県にしたい。県民全体の幸せを願ってのことであり、革新といわれる人たちのいう一部集団や特権階級の利益のためではない」「学校現場にイデオロギーが持ち込まれ、子どもを置き去りにしてストライキや選挙運動ばかりやっている。これでいいのか。これで正しい日本が育つのか」と、革新政治を痛烈に批判した。

野崎の選挙カーが走り去り、続いて武村がマイクを手にしようとした時だ。県庁や近くのビルの窓が一斉に閉じられた。顔を覗かせていた人たちの姿も消えた。一瞬で様変わりした庁舎の光景に驚きつつ、武村は声を振り絞った。

「みなさん、窓を開けてください。爽やかな秋風を入れてください。胸襟を開いて、知恵を出しあって、膝を突き合わせて県政を考えましょう」

考えた原稿ではなく、本能的にその場で口からついて出た言葉だった。目にした光景から、窓を開けようと言わざるを得なかった。そして、「風通しのいい県庁にしよう」。そんな思いを、県庁職員や周囲の建物で働く人たちに訴えた言葉だった。武村の思いが届き、閉じられた窓が開け放たれるのか。25日間の戦いがスタートした。

保守と革新

3期目を目指す現職と小さな市の首長。知事選の下馬評は「野崎有利」が圧倒的に多かった。武村が立候補を決意する過程で露呈した、野党共闘の軸となるべき社会党の内紛も、有権者の目にはマイナスに映ったことも否めないだろう。しかし、地評副議長として武村の陣営にいた細谷は「武村当選」を信じ、その自信は揺らがなかった。

根拠の一つは、2年前にあった大津市長選だ。先に述べたように、社会、共産の両党と労働団体の共闘で、革新市長の山田耕三郎が誕生した。山田を支えたのは社会、共産の2

党だったが、今回の知事選では民社、公明が加わった。また労働団体も大津市長選では地評が力を入れていたが、同盟は表立ってはいなかった。知事選は4団体が揃って立ち上がった初めての図式になる。大きなプラス要素のはずだ。

もう一つは、武村の地元、八日市市のまとまりだ。野崎県政から冷や飯を食わされていた、という思いは、多くの市民が感じていた。そして、市政に新たな風を吹き込んでいた武村への信頼も厚かった。市長のいすを放り出したと自責していた武村の心配をよそに、八日市市は武村一色に染まっていった。

当初はリードされているに決まっている。しかし、共闘した野党、労働団体が結束し、八日市市が燃え上がれば絶対に勝つ――。細谷の信念に一点の曇りもなかった。

ただ、武村は革新候補と呼ばれたくないという気持ちがあった。3年半前に八日市市長選に立った時、革新政党にも労働団体にも推薦を求めなかった。自らを保守と名乗った覚えはなかったが、新聞には「保守系無所属」と紹介された。市長に就いてからも、仕事上の付き合いは当然のように政権を持つ自民党の関係者が大半だった。軸足の7、8割は保守に置いていたと自身も認める。だからと言って「自分は保守の政治家だ」という信念があるわけではなかった。「どちらかと言われれば保守かなあ」というくらいに、ぼんやりと考えていただけだ。

四十数年経た現在も、自分が保守なのか革新なのか、右派か左派か、よくわからないと武村は思っている。選挙で自分が投じた票を振り返ってみても、自民や社会、時には共産の候補だったこともあった。柔軟で幅がある、とも言えるだろうが、「自分の政治理念について、きっちりとしたものを持っていると思ったことはありません。信念が曖昧だと言わざるを得ないですね」と語る。

政治姿勢の曖昧さを認めたうえで、「革新」のレッテルを貼られることには抵抗があった。それは信念に合わないというより、知事になった際に仕事がやりにくくなるという懸念からだった。自民政権下であり、周囲は四方八方を自民に囲まれているのが実情だ。県議会もほぼ8割を自民系の議員が占めていた。革新を名乗っては、仕事をしたり付き合ったりするのにマイナスに働くだろうと判断した。信念よりも、現実を見つめて実を取る。「三方良し」を旨とする近江商人の血が、武村にも流れていた証しかもしれない。

陣営が出すビラなどには「革新」と記されたこともあったが、武村自身は選挙戦を通じて「革新」を口にすることはなかった。陣営の中枢にいた細谷は、そうした武村の思いや行動を理解していた。「だって革新の政治家ではないのは明らかだったからね。保守か革新か、なんてことより、新しい風を吹かせる指導者だった。それが彼の良さ、強さですよ」。そう評価していた。

武村はこの知事選を、典型的な政権の争奪戦と考えていた。政権政党の自民と野党連合とが真っ向からぶつかる戦いだと。相手の大将、野崎は県政を2期8年担い、県を牛耳っていた。県庁組織そのものが敵であり、権力に関わる多くの団体や組織、体制そのものが戦う相手だった。こちらの拠り所は、当時はまだ元気があった労働組合と野党連合。2派が正面からがっぷり組む四つ相撲だ。

元々、県との確執に起因する感情的な反発から立候補を決めた武村は、公約づくりを横に置いていた。「野崎は悪い男だ、けしからん」という思いが先行し、「なぜ、けしからんのか」という冷静な分析には至らず、具体的な政策を描くことは後回しになっていた。今は「レベルが低かった」と反省するが、立候補の経緯からみても、対抗するためどういう旗を立てるべきか、深く考えている時間も余裕もなかった。結局、野党連合がつくってきた案をベースに、「琵琶湖と県民の暮らしを守る」とうたい、琵琶湖総合開発を環境の視点から見直すことを最大の公約にした。のちに、公約案のたたき台をつくったのは共産党だろうと推測した。県政を総合的にチェックできる政党、と武村は共産党を評価していた。

選挙資金についても、武村は細かく考えていなかった。立候補を要請してきた労働団体とは深い付き合いはなかったし、各団体をまとめる活動資金は各団体が出すのだろうと、予想し期待していた。実際、地評は組合員1人当たり800円のカンパを集めたと、副議長だった細谷は明かす。武村は労働団体側で約1億円はかかっただろうとみている。

一方で、地元の八日市市を中心とした活動は、丸々武村が資金を負担した。「地元はこっちが持たなあかんなあ」と武村も兄の勘一もそう思っていた。買収や供応などはしないクリーンな選挙でも金はかかる。告示日以降の選挙運動は公営になり、運動の制限から支出はさほど多くはない。しかし、事務所費や車両費などは欠かせないし、告示前までのポスター、ビラなどは多額の金が必要になる。野崎の陣営は大量のビラをまき、アルバイトの運動員の数も多い。「ポスターなど印刷物の紙も、こっちより質が良い。アバウトな感覚ですが、こっちの何倍、たぶん数億はかかったはず」と武村は話す。

勘一は自宅で毎朝、炊き出しをして、近所の人たちと一緒に千を超える握り飯をこしらえた。支持者らはこの握り飯を二つずつ携えて県下に出かけ、武村を売り込んでいく。無償で活動してくれる市民の数に、勘一は八日市市の盛り上がりを実感した。八日市市から県内各地に散った人たちが、武村の支持を少しずつ、だが着実に広げてくれる。点から線に、線から面に。ガソリンスタンドの店を拡張していった商才から、勘一は確かな手応えを感じた。

追い上げ

武村自身は選挙序盤から中盤にかけて、劣勢を実感していた。選挙カーで県下を走ると、県庁の窓が閉められたのと同様な光景を何度も目にした。人の姿を見つけては車から手を振ったが、誰も目を合わせようとせず、顔をそむけてしまう。それどころか、「武村」の名前を連呼しながら車が近づくと、農作業していた人がささっと姿を隠すようにいなくなる場面にも度々出くわした。

有権者の反応がないと、気力はどんどんしぼんでいく。武村は訴える相手が見当たらないまま選挙カーから手を振り続け、「これは勝てないなあ」と、内心がっかりしていた。

野崎陣営のシンボルカラーはブルー、マークは琵琶湖をデザインした。武村陣営はグリーンを使い、四葉のクローバーをマークにバッジなどを作成。青と緑ののぼりが乱立し、運動員は陣営の色を使った布を首などに巻き、バッジを付けていた。

28日からは県内10カ所で立会演説会が開かれた。候補者が一堂に会した公営の演説会で、1983年の公選法改正で廃止されるまで、国政選挙や知事選では実施が義務づけられていた。集まった聴衆は10会場で延べ約1万2千人。4年前の知事選では延べ1900人足らずだったから、今回の関心の高さをうかがえる聴衆の数だった。会場はどこも青と緑の両陣営の関係者らで満員となり、自分の候補には拍手を送り、相手候補にはヤジを飛ばすという異様な熱気に包まれた。

武村はこの演説会でも自らの劣勢を感じ取った。ある会場では最前列に県職員が陣取り、野崎には大きな拍手を送り、武村は大声でヤジを浴びせかけられた。公務員が選挙運動に関わるのは法律違反なのだが、県庁を挙げて野崎を支える姿勢は明白だった。別の会場では、野崎の演説が終わって武村が壇上に上がると、聴衆のほぼ半数が席を立った。「武村の話は聴く必要はない」という姿勢をあからさまに示す野崎派の策略だった。空席だらけとなった会場に向かって、武村は小さくなった気力を振り絞って訴えるしかなかった。

ところが選挙戦が中盤から終盤に差しかかると、武村から見える有権者の風景が変わってきた。選挙カーが近づいても隠れる人はいなくなり、家から飛び出してきて手を振り返してくれる人もいる。すれ違う車がクラクションを鳴らして激励してくれる。閉じられた窓が少しずつ開いてきた——。そう手応えを感じ始めると、現金なもので萎えていた気持ちが奮い立つ。追っていた相手の背中がだんだん大きく見えてきたと、武村はラストスパートに向けてギアを1段も2段も上げた。

なぜ県民の反応が好意的に変わったのか。武村は首をかしげながらも理由を探ってみた。本当は武村を支持したいと思っていた人は序盤、野崎が強いという情報や判断に縛られ、野崎を支持する勢力に周りを取り囲まれ、その圧力から身を潜めていたのではないか。それが中盤になると労働団体の運動が浸透してきて、あながち武村も捨てたものじゃない、勝機はあるぞ、と自信を持ち始め、表に姿を見せるようになったのではないか。また、武村の隠れ支持者らが当選の可能性を信じるようになった要因として、新聞の報道も挙げられるだろう。

武村が追い上げている選挙戦の実態は、新聞の情勢調査にも表れていた。告示前は「現職の野崎優位」との下馬評が強かったが、各紙が投票日1週間前に実施した調査の結果、

「接戦」と報じる新聞が多数を占めた。

朝日新聞は11月15日付で終盤の情勢を「両者小差」の見出しで伝えた。調査したのは10、11日。その結果を「野崎候補が武村候補をわずかにリード」と表現した。新聞の情勢記事にはルールがある。両者の差がほとんどなければ「互角」「競り合う」などと表現し、統計学に照らして差が認められる場合には「リード」「激しく追う」などと書く。「わずかにリード」は、「わずか」であっても野崎がリードしている調査結果が出たことを示している。

記事では、野崎について「自民党支持層をほぼ固めきっている」「保守色の濃い湖北、湖西地方などで有利」と記述。武村は「共産、公明、民社三党の支持層をほとんどまとめ」「地元の八日市市と周辺地区で野崎を寄せつけない強さ」と分析した。

焦点は全体の約5割を占める無党派層の投票行動だ。当時は「浮動層」と表現していたが、有権者の判断を意思のない物体のように例えるのは好ましくないと、今では「投票先をまだ決めていない層」や「無党派層」と記すのが新聞記事のルールだ。保守、革新が激しくぶつかる組織選挙の趨勢は、奇しくも政党や組織とは一線を画した有権者がカギを握る状況になっていた。

投票日前日の16日夜。武村、野崎の両陣営ともマイクで訴える締めくくりの場所として、有権者の多い大津市の大津駅前を選んだ。選挙カーが鉢合わせし、緑と青のシンボルカラーに分かれた集団が駅頭でにらみ合った。

野崎の声が響いた。「武村君は突然よそから来て市長になり、1期も終わらないのに知事選に立った。そんなよそ者に県政は任せられない、帰りたまえ」

マイクを持った武村は言い返した。「私は滋賀県に生まれて滋賀県で育った。野崎さんこそ、よその県で生まれ、よその県の学校だったよそ者ではないか。帰るのはあなただ」

今、武村は振り返って、「恥ずかしい話だが、政策論争はなく激しい感情のぶつかり合い。この選挙の本質が最後に露呈したかのような光景だった」と話す。25日間の選挙戦は、最後に両候補が感情をむき出して幕を下ろした。

決着

11月17日。運命の投票日が訪れた。一般的にそれぞれの陣営は当選、落選を待ち受ける会場を設け、開票が進む間はそこに支援者らが詰めかける。候補は会場近くで待機し、当落が決まってから姿を見せるのが通常だ。武村は大津市内の妹の家で、その時を待った。

内心、告示日の頃の劣勢をはね返し、五分五分まで持ち込めたかなと、手応えは感じていた。ただ、逆転したとまでの感触は、正直得ていなかった。負けた時はどうあいさつしようか。ずっとそればかり考えていた。負けたと思っていたわけではない。勝ったらあいさつなど、どうにでもなる。しかし落選となれば、自分のために一生懸命走り回り、必死に応援してくれた人たちに何て言えばいいのか。がっかりさせてしまった支持者にどう声をかけたらいいのか。そればかり気になって仕方がなかった。

当時の投票締め切りは、現在より2時間早い午後6時。市町村ごとに投票箱が開票所に集められ、投票用紙が集計される。テレビでは、地元放送局による開票速報の特別番組が映し出されていた。

午後8時20分、県選挙管理委員会による1回目の中間速報が発表された。武村1万1050票、野崎1万2650票。有権者が少なく開票の早い郡部は保守層が厚く、やはり野崎にリードを許した。20分後は武村4万4700票、野崎4万9445票、さらに20分後の午後9時では武村7万7685票、野崎9万1841票。差は広がるばかりだった。

武村はテレビの開票速報を見ていた。画面では、登場した野崎陣営の自民県議が「5万票くらいの差を付けて勝つ」と票読みを披露していた。「もう切ってくれ」。武村は妹にテレビを消すよう告げて、現実味を帯びてきた敗戦の弁を考える作業に、また没頭し始めた。

半ば落選を覚悟した武村は、大事な要素を忘れていたのかもしれない。地元の八日市市。選挙期間中、自分の当選に向けて頑張ってくれている支援者の姿を見てきた。八日市市とその周辺では野崎に勝てると信じていた。しかし、武村は読み違い、誤算をしていた。古里は彼の予想をはるかに超えるほど燃えていたのだ。

八日市市の投票率は88・25パーセント。県内の市平均70・96パーセントを大きく上回り、県平均の75・94パーセントも超えた。市の中間速報は、午後9時段階で武村4500票、野崎1400票。20分後は8100票と1600票、さらに20分後に武村の得票は1万6600と2倍以上に伸び、野崎は2100票にとどまった。県全体でも、一時1万4000票以上あった差が6000票足らずまで縮まった。

午後10時に発表された八日市市の確定得票は武村1万8305票、野崎2235票。有効投票のほぼ9割に武村の名前が書かれていた。県全体でも武村と野崎は22万票台でほぼ並んだ。開票されていない残りの票は約5万。そのうち3万票は、労組票が多く武村が強いと見られていた大津市だった。「逆転する」。報道各社は武村に当選確実を打った。

武村は陣営からの電話で当選確実を知らされた。その後の記憶は飛んでいる。すぐに大津市の事務所に駆けつけてあいさつし、もみくちゃにされながら当選を喜んだ。と思うのだが、よく覚えていない。それほど武村は興奮し、陣営も大騒ぎだった。

朝日新聞は翌日の新聞で、当選した武村が語った抱負を報じている。

「公約を着実に実行していきたい。96万県民のために、公正で清潔な県政をすすめたい。とくにこれまでの県政に欠けていた住民との対話行政、福祉政策、琵琶湖対策に力を入れたい。県民の中に自ら飛び込み、ひざをまじえて話し合い、それを行政に反映させていきたい。知事と職員との対話をすすめ、すべての職員のアイデアを行政にとり入れたい

――」

地元の八日市市に戻ったのは日付が変わった真夜中。市役所前の神社境内で祝いの樽酒を酌み交わしていた市民や労組の支持者らは、鳥居をくぐった武村に握手を求め、肩を叩いた。武村は眼鏡が外れ、背広が脱げそうになるほどの手荒い歓迎を受けた。境内には、歓喜の声が響き続けた。

勝因は何だったのか。外形的には野党と労働4団体の共闘が功を奏し、地元の八日市市が一致団結したことだと、武村は分析する。それは細谷が当初から想定していたシナリオ通りだ。そしてもう一つ、思った以上に野崎への人望が薄かったことを後で知った。

当時、滋賀県選出の有力な国会議員は自民党の2人。後に首相になった宇野宗佑と、防衛庁長官に就いた山下元利だった。

武村は知事に就任直後の宴席で、近づいてきた宇野から「おめでとう」と祝福を受けた。「ありがとうございます」と答えると、宇野は顔を寄せてきて、こうささやいた。「僕がどっちを書いたか、君、わかるか」。謎かけのような言葉はそれだけで、宇野は離れていった。どっちの候補を投票用紙に書いたか、わかっているな。その言葉はつまり、野崎を応援していたわけではないよ、と暗に伝えていた。

山下からは、宇野のような直接のメッセージはなかった。ただ、武村は開票結果をみて、山下の姿勢に気づいた。山下の出身地は県北部のマキノ町（現・高島市）。武村には足がかりがなく、まったく得票を期待できない町だった。そのマキノ町で約4割が武村に投じていた。山下もまた、野崎を応援する気が薄かったと思わざるを得なかった。もしかすると、野崎が支える中心の人たちから好かれていなかったことが、最も大きな勝因なのかもしれない。

勝利の理由をあれこれ考える時間はあまりなかった。わずか2カ月半前まで想像もしていなかった滋賀県知事としての仕事が、武村を待っていた。

2　財政危機

反発

知事や市長には4年の任期があり、その満了を前に選挙を実施するのが通例だ。満了するまでは選挙前の首長が現職のままだ。だから選挙で当選した新たな候補が、投開票日の翌日から首長のいすに座るわけではない。現職の野崎を破って武村が知事選に勝利したのは11月17日。任期が始まるのは、その20日後にあたる12月7日だった。その日、武村は県庁に初登庁した。

県庁玄関前には選挙を支えてくれた支持者ら約２００人が待ち、車から降りた武村は手

滋賀県知事選に40歳で当選した全国最年少知事（当時）の武村正義氏（1974年11月）
朝日新聞社提供

を振って拍手に応じた。武村と同様に労組と革新政党の支援で当選した大津市長の山田耕三郎と握手を交わし、「古い館の県庁を、みんなに親しまれる新しい館にしたい」とあいさつ。そうしたセレモニーを終えて、庁舎入り口の階段を一歩二歩と進んだときだった。

「おい、武村」

男が2人、目の前に立ち、行く手を阻んだ。見知った顔だ。町村議長会の幹部で、野崎陣営のど真ん中にいた男たちだった。

「知事とは認めんぞ」「お前に資格はない」

武村のネクタイを掴んで凄んできた。武村は覚えのあった空手の動きで男の腕を簡単に払った。そしてそのまま、知事室のある3階へ向かった。

歓迎と反発。登庁初日の朝、相反する二つの感情による行動が自らの身に降りかかった。武村の心に強く残ったのは、やはり反発の方だった。

県庁は野崎陣営の牙城。武村と同様に、革新政党に推されて1967年に東京都知事に就いた美濃部亮吉が、都庁の雰囲気を述べた言葉を思い出した。「敵陣へ独り落下傘で降りたようだった」。胸ぐらを掴まれた感触は、庁内とその周辺に野崎色が濃く渦巻いていることを、まざまざと思い知るのに十分だった。

あれだけ激しく争った選挙の後、しこりは当然残るだろう。相手の野崎は現職であり、その部下の県庁職員は野崎のために選挙を懸命に支えた。特に幹部はなおさらだ。県職員には二つの組合があり、大半を占める主流の組合の方は武村を応援してくれた。しかし、幹部が関わって新たにできた組合は野崎に付いた。選挙戦で彼らに敵呼ばわりされ、冷ややかな視線を浴びせられ、武村は居心地の悪い雰囲気を全身で感じ取った。

3年半前、八日市市長選でも現職が推す候補を破って当選した。敵陣に落下傘で降りたのは経験済みだ。そこから少しずつ職員を懐柔し、仕事をやりやすい雰囲気に持っていった。そうした実体験から、職員たちとうまくやっていけるある程度の自信はあった。それでも市長就任の時よりも対応は冷たく感じ、正直こたえた。

ただ、武村は生来がプラス思考な性格だ。人事で幹部を刷新することも考えなかったわけではないが、変えたところで後釜もまた野崎派にならざるを得ない。それよりも職員全体の気持ちを変えるよう努めよう、そうしなくてはいけない。僕は外国人ではないし、体制をひっくり返そうとする危険人物でもない。人並みに常識を弁《わきま》えた普通の人間だ。そうである限り、正面から向き合えば理解し合える。誤解や偏見はだんだんと消え、日が過ぎるほどに、しこりも溶けてくれる。人間とはそういうものだと、武村は考えていた。

もちろん、中には恨み骨髄に徹して反発し続ける職員もいるだろう。しかし、仕事を前にするとその推進に力を注ぐのが公務員というものだ。官僚だった自らを省みても、市長時代の市職員の働きぶりを振り返っても、政策の実現に向かって進むのが公務員の本性だと、武村は信じていた。

もう一つの気がかりは政界との関係だった。

地方では何人もの革新首長が誕生していたとは言え、中央政界の自民党政権は揺るぎなかった。金脈問題が表面化した首相の田中角栄は、武村が初登庁した2日後の12月9日に内閣総辞職。それでも、次の首相は三木武夫であり、自民が政権から降りることなど考えられない時代だった。

その自民が推した現職を破ったのだから、自分が進めたい政策に対して国は受け入れてくれるのかどうか。滋賀県政の舵取りを担う立場に就き、政策の推進に障害になることを、最も懸念に思っていた。

ただ、それもうまくやっていける自信があった。個々の政策について判断するのは省庁の官僚であることを、官僚の世界にいた武村は熟知していた。事実、陳情のため霞が関に行って要望を伝えると、官僚らはその中身が真っ当であるかどうかを見極め、「わかりました、やりましょう」と素直な反応が返ってきた。保守とか革新とかにこだわらず、偏見やわだかまりを持たず、冷静に判断して対応してくれた。地方自治体が最も頼りにする自治省は古巣であり、ずっと好意的だった。国のシステムをよく理解していたことが、武村の強みだった。

県議会の多数を占める自民の県議たちとも、だんだんと理解し合えると思っていた。毎晩のように職員らと料理屋に出かけ、県議らとも杯を交わした。何度も一緒に酒の席をともにし、フランクに話をすれば、わだかまりは少しずつ溶けていく。日本的なやり方だが、相手との距離を縮めるのに一番手っ取り早い方法だ。八方美人に、分け隔てなくやれば、敵対する相手も矛を収めてくれる。しかし信念は曲げない。それが武村の人間関係の築き方だった。

初登庁の日に戻る。武村が県庁3階の知事室に入り、椅子に座る姿をカメラに収めた新聞記者らが退出すると、知事の初仕事が持ち込まれた。入ってきた総務部長と財政課長が自己紹介もそこそこに、「決済をお願いします」と書類を広げた。まもなく開会する12月県議会に提案する補正予算案だった。武村が目を通そうとすると、2人は言いにくそうに「実は」と口を開いた。

「財源がありません」

財源がない。武村はそう聞いた瞬間、そうか県には金がないのだと理解した。就任まで県財政についてあまり深くは考えていなかった。知事選の期間中、県の財政状態について県税収入が増えたことなどから「やや良」とする新聞報道もあり、懐具合が厳しいという認識を持ってはいなかった。

補正予算案は82億円余り。そのうち約79億5千万円が人件費だった。前年に始まった第1次オイルショックは狂乱物価を引き起こし、国内は急激なインフレ状態に陥った。これを受け、人事院は公務員の給与を約29パーセント上げるよう勧告した。人事院勧告は民間企業との給与格差をなくすためのものだ。当時はインフレが進んでいたため、前年は約15パーセント、翌年は約11パーセントと高かったのだが、74年の29パーセントは突出していた。ちなみに98年以降は1パーセント未満で推移し、マイナス勧告も多い。

そして勧告は守らなければならないため、県財政課は人件費をアップした補正予算を組んだ。

ところが、新聞報道による財政状況「やや良」は表面上に過ぎず、それどころか逼迫した状況にあった。補正予算の財源は、銀行からの借入金で補填していた。自治省職員の頃にいくつもの地方自治体の財政状況を調べ、八日市市長として市の財布をやりくりしてきた武村には、この補正予算は架空であり、ごまかしであり、無理があると即断できた。

しかし、総務部長と財政課長は「こうせざるを得ません」という。「しょうがないなあ」。武村は決済のハンコを押しながら、知事としてまず手をつけなければならない仕事は何かを理解した。県財政の立て直し。待ったなしだ。

金庫は空っぽ

人口3万人余りの小さな市の首長から100万人近い県民の知事となったその日に、武村はすっからかんな県の懐具合を知った。しかし、就任と同時に、間髪入れず財政の深刻さを肌で感じられたことを、プラスに捉えていた。この辺りは楽観的な性格ゆえだろう。やるべきことは徹底した財政改革。方針が決まれば、そこに向かって走ればいい。じわじわと時間をかけるのは苦手だ。短兵急とは言わないまでも、一気呵成に政策を推し進めよう。これもまた、武村の性格だった。

自治省時代に財政難の自治体の立て直しに関わった経験から、財政の健全化を実現する答えは一つだった。入りをやりくりして出を抑える。これしかない。県税を増税するのは容易でないから、まずは歳出を削減しなくてはならない。削れるところは大幅に削ろう。

そう考えた武村は、ある戦略を立てた。県財政が大変だと、広くPRすることだ。県が財政難に陥っていることを、まずは県民に知ってもらうことが肝要だ。

年が明けた1975年1月、武村は記者会見の席で、こう言い放った。

「県庁の金庫は空っぽです」

県庁のほか県立学校の教職員、警察官ら約2万人の職員に、給与を出したくても無い袖は振れない状況だった。県の台所が火の車であることを、わかりやすく、新聞が飛びついてくれるように考えた言葉が「空っぽの金庫」だ。新聞が大きく取り上げれば、県民に財政難を理解してもらえる。世論の理解を得たうえで、編成作業が大詰めを迎えていた新年度予算案を巡り、自民が多数を占める県議会と対峙しよう――。案の定、新聞各紙は県の財政難を大きく報道した。

1月19日、武村は大津市で開かれた「滋賀の社会福祉をすすめる県民大会」に出席し、「県の新年度予算の実質収支は約40億円の赤字が見込まれる」と、初めて赤字額を明らかにした。

滋賀県の財政規模からすると、赤字が30億円を超えれば破綻状態とされ、財政再建団体（現在は財政再生団体）になる。いわゆる自治体の倒産だ。再建計画をつくって財政を立て直すのだが、実質的に国の管理下に置かれ、自治体の自主性は失われる。その厳しさを例えるフレーズが、「鉛筆1本買うのにも国におうかがいを立てなければならなくなる」というものだ。住民サービスの低下どころか、税金など住民負担が増えることになる。県財政はそれくらい厳しい状況にあった。

1月26日の朝日新聞滋賀版に、武村のインタビュー記事が掲載された。「新春放談」というタイトルながら、内容はほぼ半分を県財政の話で占められた。「県財政が苦しいということは、そのまま県民の台所が苦しいということ」「これまで行ってきた事業で縮小すべきものは縮小し、予算編成や事業の執行面で根本的な出直しを図らなければならない」。こうして積極的に財政の厳しさを報道してもらいつつ、初めての県予算の編成作業を進めていった。

予算編成にあたり、武村は空席のままだった副知事室に陣取った。削れる部分をとにかく削った。特に大鉈をふるったのが公共事業費だ。県単独で実施する事業の予算は半分以上カットした。そのうえ、国から補助金が出る事業も2割減らした。これには霞が関の省庁もびっくりした。地方自治体は、できるだけ多くの補助金を引き出そうと省庁に働きかけてくるのが普通の姿だ。それなのに滋賀県は、補助金をいらないと言っている。国補助の公共事業を削ってくる自治体など前代未聞だ。建設省や農林省からは、今後は予算をつけないぞと文句を言われた。後々まで語り草になるほど、衝撃的な事件だった。

また、削減したところ、しなかったところがないように心がけた。公平でなければ不平不満が生じる。びわ湖祭りや県民体育大会といったイベントも1年間は中止。県が補助金を支出していた各団体には2割のカットを通知した。額としては小さくても、大変なことが起きていると県民に肌で感じてもらうことが大事だった。知事選で公約に掲げた事業もほぼ予算化を見送った。

「お詫びつき予算」

2月20日に発表された1975年度当初予算案を、武村は「衣食住予算」と名づけた。贅沢品は買わず生活に必要なものだけ使う、という意識の表れだ。一般会計は1256億1600万円と前年度比8・5パーセントの増。地方自治体の財政運用の指針となる国の地方財政計画が24・1パーセント増だったから、超緊縮ぶりがうかがえる。伸び率がひと桁にとどまったのは12年ぶりだった。

予算案発表にあたり、武村は談話を発表した。

「率直にいって、この予算案は県民の皆様に十分満足のいただけるものではございません。残念ながら新しい事業は、ほとんど盛り込めておりません。これまで約束されていた事業についても、その多くは繰りのべ、または中止されております。毎年継続されてきた事業も、大幅に縮小ないし削減をいたしております。まさに、県財政後退の予算であり、皆様に不本意ながら耐乏をお願いする予算となっております。しかも、これだけ切りつめた予算を組みながらも、今年度の赤字を積み残し、新しい年度においても、さらに赤字を生み出す体質を持ったまま予算案は出発しなければなりません」

この予算案を「お詫びつき予算」と名づけて報道した新聞もあった。

予算案をめぐり、県議会は荒れた。ただでさえ、わずか3カ月前の知事選で煮え湯を飲まされた自民の議員が多数を占めている。見たことも聞いたこともない、それも公共事業をバッサリと削いだ緊縮予算案を提案され、自民議員らは目の色を変えて怒った。知事として初の予算をめぐる県議会は、野党の自民議員と真っ向からぶつかり合う知事選の延長戦の様相を見せた。

自民会派は「歳入を過小に見積もり過ぎている」として、予算案の増額修正を求めた。しかし武村は、財政状況から歳入はギリギリの額と応じなかった。このため、自民会派は予算案を否決し、独自に増額した予算案を提出することの検討に入った。

武村も負けてはいなかった。提案した予算案を否決され、増額修正された予算案が可決される事態になった場合は「再議」に付す可能性を示唆した。地方自治法では、首長は議会の可決した議案に異議があれば審議のやり直しを求めることができると定められている。それが再議だ。ただし可決には3分の2以上の賛成が必要となる。しかも自民会派が県議会定数43の約4分の3を占め、可決のハードルは高かった。

一方、自民の県議らにも「再議」を避けたい事情があった。議会が終了して間もない4

月1日には県議選が告示される。再議の日程はその前後になる見通しだった。そのうえ、4カ月前の知事選で当選した武村と敵対する姿勢があまり鮮明になれば、自分たちの選挙そのものに響いてくるかもしれない。そんな計算が、再選を目指す県議一人ひとりに働いた。

武村は強気を曲げようとしなかったが、再議以外の方法を持ち出した。「修正するなら、すればいい。僕には執行権がある」。予算が決まったところで事業をするかどうかを決めるのは知事だ。執行権を盾に、「財源の根拠がない予算は執行しない」と武村は宣言した。

結局、武村が提出した予算案は否決され、33億円余りを増額した自民の修正予算が可決、成立した。一方で自民は、予算執行に弾力的な幅を持たせることで合意した。知事の予算執行権を黙認し、増額した事業が実際におこなわれなくても目をつぶることにしたのだ。自民の県議らは名を取ったに過ぎず、武村は実を得ることになった。

給与カット

正直に言えば、これまでの自治省職員や八日市市長の経験に照らせば、そこまで予算をカットする必要はないと、武村は判断していた。それでも、あえて極端なほどの緊縮予算を組むことにこだわった。公共事業費を削り、前代未聞とも言える国の補助金を断り、あらゆる団体への補助金を減らし、自民県議らと厳しい議会を渡り合ってでも、県財政の危うさを周知しなければならなかった。そこまでの財政難だと理解してもらう。それこそが目的だった。理解してもらう相手は県民であり、選挙を支えてくれた県の労働組合員だった。赤字の解消には、予算だけでなく、職員の給与に手をつけなければならなかった。県の歳出で人件費は大きなウエイトを占める。この本丸を削らなければ財政再建は覚束なかった。

地方自治体職員の給与を測る目安にラスパイレス指数がある。国家公務員の給与を100として換算する数値だ。当時、滋賀県給与の指数は114。東京、神奈川、愛知に次いで全国4位の高さだった。そして、前述したように人事院は公務員給与を約3割も上げるよう勧告していた。給与を下げる発想など、誰の頭の中にもなかった時代だった。

それも、カットを強いる相手は知事選で武村のために走り回ってくれた労組の人たちだ。武村はすでに3月、知事報酬の2割カットをはじめ、管理職手当も数パーセント切り下げていた。そのうえで、自治労、日教組などの幹部に集まってもらい、給与を実質2号棒下げたいと提案した。2年前の水準まで給料が減るという、前例のない話だった。

人件費の削減は県の財源を大きく浮かせることになる。一般財源で数十億円という規模だ。それも、いったん下げればその効果が何年も続くことになる。まさに財政再建の肝なのだ。

当然、組合側は反発したが、3度、4度と交渉を重ねるうちに態度は軟化し、理解を示すようになった。あれほどの緊縮予算を組み、県議会と喧嘩をしても態度を貫いた武村を、最も間近で見ていたのは県職員だ。公共事業などに大鉈をふるったのだから、人件費がある程度削られるのは予想されていた。それも他府県より高い給与であることは明白だ。そして、カットを拒んで財政再建団体に陥れば、提示された減額程度では済まないほどの給与レベルに落ち込むのは避けられない。職員側もまた、財政難を乗り切るために何が必要か、頭ではわかっていた。

11月、労組は給与引き下げを了承した。交渉がまとまり、席を立った武村を組合は拍手で送り出した。給料を下げた相手に拍手をしてくれるとは。武村は嬉しさで胸が熱くなった。

これで財政再建に目処がつく。武村は安堵し、給与引き下げという、とんでもない申し出を受け入れてくれた職員たちに感謝した。「彼らも選挙で私を応援していた立場から、とことん僕に反対だと言えなかったのかもしれません」。武村はそう振り返る。

県財政を立て直す大仕事と並行して、武村はもう一つの難題を抱えていた。県土地開発公社をめぐる土地転がし事件だ。

3　土地転がし

土地開発公社

武村が知事に就いた1974年、時の首相は田中角栄だった。貧しい家庭に育ち高校にも進まなかった境遇から、72年に首相まで上り詰めた際には豊臣秀吉にあやかって「今太閤」と呼ばれ、ざっくばらんなダミ声の語り口や大胆な政治手法で国民から高い人気を得ていた。中国との国交正常化を実現し、著書「日本列島改造論」は国内に開発ブームを巻き起こす引き金になった。

しかし国民の支持は長く続かなかった。開発の反動で急激に上がった地価が社会問題化。

さらに、73年10月に勃発した第4次中東戦争による第1次オイルショックで、トイレットペーパーの買いだめ現象が起こるなどパニック状態で物価は暴騰し、問題は深刻さを増した。

そして74年10月に発売された雑誌「文藝春秋」で、ジャーナリストの立花隆が「田中角栄研究」を発表。田中の金脈問題を厳しく追及し、「政治は数、数は力」との論理を振りかざしてきた田中は同年12月、首相の座から降りた。76年にはロッキード事件で受託収賄罪などで逮捕。しかしそれでも権力を保持し、「闇将軍」として政界に君臨し続けた。

武村が知事に就いた2日後、田中は内閣総辞職して表舞台から去った。しかし、田中と同様の「政治とカネ」の構図が、滋賀でも顕在化した。それも手口に使われたのは、田中が進めた土地の開発だった。高騰を続ける土地の神話を温床に、県民の納めた税金が業者の懐を潤わせていたのだ。

地価の上昇により、地方自治体が道路や学校、工業団地や住宅団地などを整備しようにも、用地の取得が困難な状況になっていた。効率よく事業を進めるには用地を前もって確保する必要があったが、予算面からも難しかった。

これを解決するため、自治体が活用したのが土地の開発に特化した公社だった。民間の金融機関から資金を借り入れて、値上がり前の土地を先行取得するのに有効な機関であり、72年までに全国で1千近い開発公社が設けられた。

ただ、公社は自治体と不可分な関係ながら、責任や監督関係などに曖昧な部分が多いなどの問題点もあった。そこで国は同年、土地開発公社を制度化し、市街化区域の土地の先行取得を進めるため、「公有地の拡大の推進に関する法律」を制定。この法律に基づいて、滋賀県土地開発公社は翌73年3月に設立された。

前身の県開発公社は工業団地や住宅団地の造成などを手がけ、借入金は土地の処分によって返済する「健全」な財政状態だった。ところが、土地開発公社に変わった73年度、公社の借入金は163億円余りと前年度の約3倍に膨れ上がった。借金を増やした土地取得の内容が徐々に明らかになるにつれ、開発の異常さと業者との癒着が浮き彫りになっていった。そうした取り引きの中心にいたのが、当時長浜市に本社を置いていた上田建設グループだった。

知事選に挑む以前、武村は上田建設社長の上田茂男について詳しく知っていたわけではない。聞いていたのは、知事だった野崎欣一郎の知事室に足繁く出入りし、着流しで県庁内を闊歩している、といった噂くらいだ。

それが、選挙が近づくにつれ、野崎と上田の緊密な関係を少しずつ耳にすることになり、金にまつわる話も知るようになった。

自民党の八日市市議や周辺の町議らが知事選の直前、野崎と癒着した上田が県事業を牛耳っていると指摘する文章を公表した。「県政の黒い霧」を暴露する内容には、自民党県連も献金を受けていることも含まれ、市議らは党を離れた。

社会党に上田からの金が流れていることも、武村の推薦をめぐる党内の内紛によって明らかになっていた。党三役を除名してまで武村推薦にこだわった滋賀地評副議長の細谷卓爾は、野崎と上田の癒着が県民の反発を買い、武村の当選に結びつくと読んでいた。しかし、上田の手口や県事業を動かす規模までの金の流れについて、詳しく把握していたわけではなかった。

発覚

1974年12月21日、武村が初めて知事として臨んだ県議会で、県土地開発公社が保有する大津市真野谷口の土地に関する問題について、共産党県議が指摘。これを端緒に公社をめぐる事件は表舞台に上った。翌75年2月3日には社会党県本部が、公社が上田建設グループから大津市と草津市にまたがる「びわこニュータウン」などの土地を不当に高く買い、500億円以上の負債を抱えている実態を明らかにした。知事に就任して間もなく県財政の危機という難題を抱えた武村の目の前に、もう一つ、土地転がしという黒い霧が一気に立ち込めた。

武村は実態調査のため、知事の諮問機関として県土地開発公社対策委員会の設置を決めた。委員は10人。滋賀大学長の桑原正信が委員長を務め、細谷も委員の一人に加わった。1975年2月26日に開かれた初会合で、実態の概要が明らかになった。翌日の朝日新聞滋賀版は、「公社の抱えている借入金が203億円、未払い金が272億円であり、未払い金の大部分はびわこニュータウン関係である」と報じた。公社側は「謙虚に反省しているが、すべて県の指示をあおいで進めてきた」と弁明。びわこニュータウン計画が県の立案であったこともあり、委員からは県に対しても批判の声が上がった。ただ、大半の委員は、責任の所在よりも借入金の巨大な額に驚いていた。

不正の規模を知った細谷は、「このまま放っておいたら大変なことになる」と事態の重大さを改めて実感した。

委員会の審議は想像以上に順調だった。不正のカラクリについて、公社側が隠すことなく表に出したためだ。「公社職員が不正の実態を許せずに全面協力したお陰で、審議がスムーズに進んだのでしょう」と、武村は振り返る。

初会合から約3カ月後の5月30日、委員会は武村に最終答申をした。上田建設グループが土地の売買を繰り返して値段をつり上げ、時価の数倍で公社に売りつける手口を明らかにし、「契約は自殺行為ともいうべき無謀なものであり、合意によって解除または改定するなど、県政百年の大計のため蛮勇をふるって対処されたい」と主張。契約解除か適正価格による契約の改定、ニュータウン計画の再検討、公社運営の根本的改革を武村に求めた。

細谷は、審議で明らかにされた上田と野崎の癒着ぶりと大胆なほど巨額の不正に、「ここまでひどかったのか」と驚いた。そして、不正な金に汚れた県政を洗濯するのは武村の他にいないとも思っていた。その後、武村と何度も顔を合わせたが、公社の問題については、あえて触れなかった。武村に任せた以上、口出しはしないと、細谷は心に決めていた。

土地転がしの実態は、場所が数カ所あり、手口が複雑に入り組んでいるためわかりにくい。滋賀県が76年10月にまとめた「滋賀県土地開発公社問題の概要」という冊子に沿って、みていくことにする。

概要によると、問題になった土地は、大津市真野谷口、竜王町岡屋、びわこニュータウン地域の瀬田西、桐生、西萱尾、岡本の計6件。合わせた広さは約259万平方メートルで、うちニュータウン地域が8割以上を占める。これらの土地は73年11月から74年10月にかけて、上田建設グループや関係会社と売買契約が結ばれ、総額は約447億円に上る。このうちニュータウン分を中心にした約363億円が未払金として残った。仮に未払金を支払うため資金調達を図ろうにも金額が巨大過ぎて、「融資することは、県内全銀行をあげても物理的に不可能（概要）」であった。

買収価格も異常に高かった。竜王町の契約単価は2万5000円（1坪当たり）。鑑定価格4620円の5倍を超える。びわこニュータウンも鑑定価格1万8500～2万2100円が契約単価5万9500～6万9900円と、3倍以上で取り引きされていた。これは、上田建設グループ内やトンネルとなる大手ゼネコンで土地売買を繰り返し、値段を釣り上げていたことに起因する。

しかも、対象の土地には保安林が多く、道路や公園、学校などの公共用地も必要なため、宅地にできる面積は4割程度にとどまる。さらに、上田グループとの土地交換契約を結んでいるため、宅地の半分は引き渡さなくてはならない。いわば、ニュータウン事業そのものを破綻させる契約だった。

和戦両様

委員会が最終答申する直前の5月20日、上田建設グループの日本レースは、支払期限の過ぎたびわこニュータウンの土地代金4億円を公社に求めて、大津簡易裁判所に支払い命令申立書を提出。公社側はすぐに異議を申し立てた。土地転がし疑惑は、訴訟事件へと発展した。

一方で、滋賀県警は公社問題を背任容疑で捜査に着手。75年10月、公社副理事長だった県議の井上良平を収賄容疑で逮捕し、さらに11月には背任容疑で再逮捕した。翌76年4月には井上、元理事長の河内義明らを背任容疑で送検。6月には上田建設社長の上田茂夫を背任共犯の容疑で書類送検した。大津地検は8月、上田、河内、井上を、公社に20

8億円余りの損害を与えた共謀共同正犯容疑で起訴した。事件のキーパーソンの一人、前知事の野崎欣一郎は75年4月に旅行先の台湾で急死していたが、地検検事正は起訴の際、「典型的な汚職構造であり、野崎前知事はクロそのもの」と断罪した。

土地開発公社の問題は刑事事件として司法に裁かれることになったものの、契約をめぐる民事の争いは続いていた。ただ、武村の腹は固まっていた。県財政の立て直しに心血を注いでいる真っ最中であり、ここで土地開発公社が破綻すれば県も道連れになるのは避けられない。そのうえ、灰色から黒へと色濃くなっている疑惑で中途半端な妥協は許されない。契約の解除、あるいは適正な価格での再契約。選択肢は、このいずれかしかない。県民の税金を預かる立場として、不正な支出を認めるわけにはいかなかった。

訴訟で契約解除を勝ち取るか。話し合いによって適正価格で再契約するか。武村は二つの道を同時に進めることを決断した。戦いと話し合い。「和戦両様」と言葉にするのは簡単だが、どちらにしても茨の道だった。

裁判に向け、武村は自治省の知人に弁護士の紹介を頼んだ。挙がった名前は、当時森永ヒ素ミルク中毒事件の弁護団長を務めていた中坊公平。のちに、豊田商事事件や香川・豊島産業廃棄物問題などを手がけ、日本弁護士連合会長を務めた人だ。武村は中坊の自宅を訪ね、この難題の弁護を依頼した。

中坊はすぐに弁護を引き受けてくれたが、勝算については確たることを口にしなかった。

訴訟という「戦い」で鑑定価格まで下げた再契約にたどり着けるかどうか。武村は心配し、厳しい道のりを覚悟した。

もう一つ、話し合いの「和」の戦術は、武村自らが担当した。談判するなら相手の大将だと、上田本人に会うため京都の自宅を訪ねたこともあった。自室に招き入れられ、上田と2人、こたつに入り、鑑定価格での再契約を迫った。しかし、答えはノー。ただ、上田は武村の提案を聞いても怒ったそぶりを見せなかった。滋賀だけでなく京都府政にも深い関わりがあることなどを問わず語りで武村に聞かせたこともあったが、直談判そのものは不調だった。

キーパーソン

「和戦両様」とも膠着状態になる中、キーパーソンが現れた。元首相の田中角栄だ。社長の上田茂夫の息子茂之は田中の秘書を務め、1972年の衆院選で当選して田中派に属していた。76年の選挙で落選したが、田中とのパイプは当然太い。土地転がし事件を巡って上田側が田中に接近している、という情報が武村の耳に入った。「田中さんか」。武村は縁の深さを感じずにいられなかった。田中との出会いは、武村の官僚時代にさかのぼる。

自治省にいた武村は、いくつかの論文を著して雑誌に掲載していた。その一つが、19

67年にまとめた「日本列島における均衡発展の可能性」だ。

当時花盛りだった地域政策のビジョンや構想の大半は、都市部の過密、農山村地域の過疎を問題視しながらも、大都市への機能集中という将来像を描いていた。これらのビジョンについて、武村は「ここ数年の社会的、経済的指標のすう勢を肯定し、またはこれに抗しきれないものとしてうけ入れ、その延長線上において、将来を描くという、きわめて保守的なもの」として、「ビジョンと呼ぶには、いかにもさみしいし、余りにも非未来的構想」と批判した。

そのうえで、自らが愛知県庁に勤務していたころに留学した西ドイツを例示し、特定の都市が巨大化する傾向がみられず、その理由は国土に張り巡らされたアウトバーンにあると説いた。日本でも高速道路や新幹線の整備が進めば大都市と地方との時間距離は大幅に短縮し、「地方の開発可能性は、飛躍的に拡大され（中略）、地域間の社会的・経済的・文化的格差は大幅に縮小されることが予想されよう」と述べた。

そして、日本列島の将来像を、大都市圏を中心にしたメガロポリスから、分散化した都市（エクメノポリス）に進むとのイメージを示し、「日本列島の均衡ある発展は可能である」と結んだ。

しばらくして、武村はこの論文について問い合わせの電話を受けた。相手は田中角栄秘書の早坂茂三と名乗った。田中は当時、自民党の都市政策調査会の会長を務めていた。その田中が話を聞きたいという。たぶん、早坂が自治省に面白い論文を書いた男がいると田中に伝え、それなら呼べという流れになったのだろう。そう想像しながらも、物怖じしない武村には珍しく、田中に会うのは腰が引けた。何しろ、田中は大蔵大臣、自民党幹事長を務めた首相候補の一人。テレビなどで見る押し出しの強さは相当なものだ。ビクビクしながら田中事務所に出かけていった。

通された部屋で待っていると、テレビで聞き覚えのあるダミ声が近づいてきて「やあやあ」と田中が現れた。両隣には調査会副会長の竹下登と坂田道太が腰を下ろした。あいさつもそこそこに田中は「君の論文は面白いそうじゃないか。30分で説明してくれ」という。武村は持論を語り、いくつかの質問に答えた。と思うのだが、実際は緊張していて、どう話したのかよく覚えていなかった。

田中が口を開いた。「君の話はなかなか面白い。明日からうちの事務所に来てくれ」。いや、公務員だからそれはできないと断ったが、「いいから、官房長には話しておく」と田中は部屋を出てしまった。

どうしたものかと思案しながら省に戻って官房長の宮沢弘に報告した。宮沢は、後に広島県知事、参議院議員、法務大臣を務め、兄は後に首相に就いた宮沢喜一だ。宮沢は「事務連絡の形で通うことにしておこう」と言い、武村は翌日から約半年の間、田中事務所に通勤することになった。

早坂らと机を並べて、党内外の会合での議論や学者の意見を整理していった。作成したのは自民党の都市政策大綱。土地利用を含む国土計画や産業、福祉などあらゆる分野にまたがる基本的な指針だ。武村は主に地方自治、地方政策などの下書きを担った。田中は時々顔を覗かせては、「おう、やってるか」と声をかけてきたが、話をすることはなかった。

その後も田中事務所にはちょくちょく顔を出し、八日市市長選に挑戦を決めた際にも早坂と会った。「市長は回りくどい。政治家をやるなら国会に出てよ」と口説く早坂に、武村は「僕はまちづくりをやりたい」と市長へのこだわりを熱く語った。

だが、知事選では自民が推す野崎と争った。田中は当時首相であり、自民党総裁だ。自民と戦って知事に就いた武村は、何となく気が引けて、田中事務所に足が向かなくなっていた。

その田中が土地転がし事件に関わってきたと知り、武村は早速、早坂に電話をかけた。1978年春のことだ。東京まで出かけ、早坂に「土地開発公社の問題で、田中先生に力を借りたい」と頼んだ。早坂は二つ返事で引き受け、「いつにする」とすぐ日程調整を始めた。どうやら田中側も、こちらから声がかかるのを待っていたのでは。武村はそう直感した。

早速、県職員2人を連れて、東京・目白の田中邸を訪れた。田中を目の前にして武村は土地開発公社の問題の概略を説明し、こう切り出した。「この問題は民事裁判で争っている最中ですが、もし上田側が鑑定価格で買い直すのなら裁判をやめてもいいと思っています。先生、間に入っていただきたい」。すると田中は、すんなりと仲介役を引き受けてくれた。ただし、武村の主張を通すため上田側を説得する仲介ではなく、両者の主張を聞いたうえで落とし所を決める裁定の役目を務める気構えだったことを、武村は目白詣を重ねるうちに知ることになる。

何度目かの訪問から、田中はウイスキーの「オールドパー」を手に2本ぶら下げて部屋に入ってくるようになった。「まあ飲め、飲め」とグラスにストレートで注ぎ、自分もグイッとあおる。そして全国のまちづくりの事例を説明し始めた。すでにびわ湖ニュータウンの状況に関しては、驚くほど理解していた。そのうえで、東京・多摩の開発ではこれだけの金額をかけ、仙台のニュータウンでは総額いくらだった、などと事細かく具体的な数字を並べて、まちづくりに必要な相場を説いた。あとで早坂に聞くと、田中は武村が訪問する前日くらいから、全国のニュータウンの事例を探して勉強し、そうした開発のモデルケースを頭に入れていたという。数字を含めた天才的な記憶力に舌を巻きつつ、武村は官僚時代の出来事を思い返していた。

田中事務所への通勤から数年が経ち、武村が埼玉県に出向していたころのことだ。早坂から、田中が本を出すので原稿に手を入れてほしいという依頼の電話があった。タイトルは「日本列島改造論」。武村が腐心した都市政策大綱をベースに書かれており、その元には武村の論文がある。だから早坂は武村にチェックを求めてきたわけだった。武村はファクスで届いた原稿を一読したが、忙しさを理由にチェックの依頼を断った。

田中が、地方に光を当て、よくしたいという思いを抱いていたのは確かだと、武村は信じている。しかし「改造論」は武村が描く未来像とは違った。田中に悪意があったとは思えないが、改造論は結果として開発ブームを引き起こし、全国で土地高騰と自然破壊を生んだ。金権政治と相まって、改造論は世論の厳しい批判に晒された。それでも田中は、開発を進めるのは正しいことである、という考えを変えなかった。

その時期、全国の土地開発公社はどんどん土地を取得し、新たなまちづくりを進めていった。そうした状況で関係者が甘い汁を吸おうとして起こったのが、滋賀県の土地転がし事件だった。事件を引き起こしたのは田中ではない。ただ、事件の素地を全国に広げたのは、間違いなく田中だろう。全国のニュータウンの例をほぼ一夜漬けで理解できたのは、田中の目指してきた開発そのものだったからかも知れなかった。

裁定

3度目の訪問の時、田中は裁定案を示してきた。「武村さん。3万円くらいでどうだ」。

3万円は契約の価格と鑑定価格の真ん中くらい。それなら開発の採算が合うし、県の損にもならない。「手を打て、折れよ」と迫ってきた。

「ニエット。ダメです。鑑定価格でなければ呑めません」。武村はロシア語でノーと突っぱねた。武村は県民を背負っていると自負していた。情報はオープンにしてきたし、下手な妥協は許されなかった。特に、密室で中途半端な妥協案に乗ることは、絶対にしてはいけないと頑なに信じていた。

4度目、5度目の訪問も、田中は同じ案の提示を繰り返し、武村もまた、「闇将軍」とまで呼ばれた元首相の意向を拒み続けた。

目白詣でも6回目、やはり田中は妥協を求めたが、武村はこれまで通りに「ノー」を貫いた。すると、初めて田中が感情を露わにし、声を荒げた。「お前のような頑固な奴は知らん。俺もたくさんの政治家を見てきたが、ここまで抵抗した奴は初めてだ」。後半の口調は嘆き節に変わっていた。

「よしわかった。鑑定価格でいこう」

田中が武村の主張を認め、裁定を下した瞬間だった。

武村は「ありがとうございます」と頭を下げた。その内心は、飛び上がりたいほどうれしかった。解決は不可能とまで思い詰めていた土地開発公社の問題が、これで決着する。それも「戦」の裁判ではなく、話し合いの「和」の道が通じた。信じられない気持ちと、田中への感謝で、武村の胸はいっぱいだった。

1978年9月28日、公社と上田建設グループ、トンネルになっていた大手建設会社の間で、一切の契約の解除と一部土地の再契約で合意が成立。武村は翌29日に、県庁でその内容を発表した。

朝日新聞は同日の夕刊で、「滋賀の土地ころがし　契約を一切解除」の大きな見出しで報じた。記事によると、合意は、6件で計447億4700万円の売買契約と、びわこニュータウン内の土地交換契約を全て解約▽売買契約の土地3件と交換契約の土地は、鑑定価格以下で公社が取得▽問題をめぐり同建設グループの1社が起こしている民事訴訟の取り下げ――という内容。記事は「構造汚職とまでいわれた滋賀県土地開発公社問題は、同公社前理事長らの背任事件などの刑事裁判を残し、ようやく適正価格による処理にこぎつけた」と論評した。

そして武村の談話が掲載された。

「県政史上最大の困難な課題であった公社問題が4年近い年月を経てやっと話し合い解決にこぎつけられた。長くけわしい道のりだったが、よく解決に到達できたという感慨でいっぱいだ。内容も委員会の答申やこれまで繰り返し述べてきた『県民の納得のいく、損害を残さない一括解決』という基本方針をつらぬくことができた。この事件を貴重な体験にし今後、県政に金権、利権の体質が再び持ち込まれないようにしたい」

土地開発公社を舞台に、県を覆っていた黒い闇はようやく晴れた。不正な契約によって県は巨大な借入金を抱え、取り組み始めた県財政の再建は一気に破綻の道にまっしぐら。そんな最悪なシナリオさえ、武村は頭に描いていた。解決に導いたのは、縁深い田中角栄だった。そして、土地の開発ブームを引き起こし、カネに群がる人々を生み出した遠因をつくったのも彼だったのかも知れなかった。

その後も武村は何度か、県政に関する助言を田中に求めるため、目白の自宅を訪ねた。琵琶湖総合開発の特別法が改正される時期、政府や各省との折衝、調整を進めるにあたり、誰に相談したらいいかを尋ねたことがあった。当時田中派の中心にいたのが首相候補の竹下登。何となく、「竹下さんに相談すればよろしいでしょうか」と名前を挙げた。途端に、田中の顔が曇った。「いや、後藤田にせえ」。のちに副総理を務める後藤田正晴を指名してきた。ちょっと不思議に思ったが、言われるままに従った。

間もなく、竹下は創政会をつくり、田中派は分裂の道へと進んでいく。竹下の動きを田中は見通していたから、後藤田を推したのだろうか。武村は想像を巡らせた。

目白を訪問するたびに、田中は「はよ知事を辞めて国会に出て来い。国会に来れば、すぐに大臣にしてやる」と武村を口説いた。武村が知事を退き、衆院議員になったのは1986年。その時、田中はすでに脳梗塞で倒れて再会はかなわず、武村は福田（安倍）派に所属することになった。もし田中が元気だったら「うち（田中派）に来い」と誘われただろう。その誘いを断れたかどうか。そんな夢想をしたこともあった。
田中は1993年12月に死去。武村は細川内閣の官房長官だった。

4 文化と草の根

懇話会

武村正義は滋賀県知事に就いた直後に「金庫が空っぽ」という県財政の危機に遭遇し、すぐさま再建に着手した。超緊縮予算を組み、県職員の給与にまで削減の手を伸ばした。その結果、財政は思いのほかに早く好転する兆しを見せ始めた。財政再建や土地転がし事件は、知事の職を賭して臨んだドラマだったものの、いわば降りかかる火の粉をどう振り払うかという受け身の対応でもあった。県の台所を立て直すため、ほとんどの事業を縮小してきた武村は、ようやく知事として独自の政策に着手する態勢を整えた。その柱の一つが「文化」だった。文化振興というテーマは、武村が県の未来を描くうえで重要な位置を占める。

滋賀県は戦後、近畿、中京、北陸という三つの経済圏を結ぶ地理的な特性から工場の立地が進んでいた。名神高速道路などの交通網が整備され、高度経済成長期には工業団地や工業用水といった産業基盤整備も進み、農業県だった滋賀は全国有数の工業県に姿を変えていた。この工業県・滋賀について、武村は急激に進み過ぎ、分不相応に充実したとみていた。先進国、先進地域と呼ばれるところは、いずれも第3次産業が伸び、国や地域を輝かせる魅力になっている。しかし滋賀県は、第3次産業が進展していない。工業県は時代遅れであり、サービス産業が伸びていく県に移行させることが重要だ。ただ、サービス産業の範疇は捉えどころもないほど広い。特に文化サービスはその中核をなす分野なのだが、採算に乗せにくく、ビジネスにはなりにくい。この分野は公共団体がリードしていかなければ伸びない。武村はそう考えていた。

就任して2度目の新年度にあたる1976年4月、武村は県教育委員会内に文化振興課、社会教育課、青少年課、文化財保護課の4課で構成する文化部を新設した。そして、文化振興の方向性を定めるため、滋賀、京都の文化人を集めて意見を聞く場を設けた。それが「湖と文化の懇話会」だ。

メンバーには日本を代表する関西の知識人が並ぶ。文化人類学者の今西錦司・京都大名誉教授、建築学の上田篤・京都大助教授、歴史学の上田正昭・京都大教授、生態学、民族学の梅棹忠夫・国立民族学博物館長、医学の岡本道雄・京都大総長、農学の桑原正信・滋賀大学長、ワコールの塚本幸一社長、作家の徳永真一郎、比叡山延暦寺長﨟の葉上照澄、物理学の樋口敬二・名古屋大教授、朝日放送プロデューサーの中村誠一。そうそうたる知の巨人たちに諮問、答申という形式ばった会合ではなく、自由闊達に意見を述べ合ってもらい、武村たち県側も同席して勉強していくスタイルを採った。

第1回会合は76年7月、守山市のホテルで開かれた。冒頭、武村が挨拶に立った。

「文化振興が必要なのは、感覚的に、おぼろげに理解できるよう思いますが、いったい文化とは何なのか、どういう文化振興の施策を進めたらいいのか、皆目見当がついておりません。心の問題、人間の問題が文化かな、モノとカネ万能の社会の中で新しいモラルなり、社会の連帯感を回復することが文化かな、とも考えてみたりしています」

「昨今のぎすぎすした社会の中で県民一人ひとりが足元をしっかり見つめて、もう少し落ち着いた、のどかな、潤いのある社会を回復するために何をしたらいいのか。狭い文化行政というより、滋賀県という地域社会の今後のあり方という広い立場からご議論を賜り、行政の中に精一杯取り入れてまいりたいと考えています」

数々の知見

初回のテーマは「滋賀県の文化の現状と特質」。柔らかく言えば、なぜ滋賀県は文化水準が低いとされるのか、この現状をどうしたらいいのか。懇話会に通底する課題だ。

葉上が、滋賀県出身かどうか、委員らに尋ねた。「知っとかんと、滋賀県にはろくな奴がおらん、なんて悪口言いますから」。この言葉で場の雰囲気がほぐれた。「本当のことを言わんと。おざなりのきれいごとじゃ、話にならんわな」。気楽に、本音を語れる集まりに。武村の望んでいた性格の会合に、葉上が導いてくれた。

元新聞記者の徳永は歴史小説を書いている立場から、古代から近代までの近江について説明し、「県民全体の連帯性が薄い感じがする」と口火を切った。その理由として、江戸時代に小藩が多く分割統治されていたことを挙げ、さらに琵琶湖が真ん中に位置する地形から東西南北に分割されていると指摘。そして、「大津は京都に依存し、彦根や長浜は顔を名古屋に向け、湖西は若狭や京都を見ている」と、滋賀県が固有の文化性に欠けているとする持論を披露した。

また梅棹は、滋賀県の人口が100万人を突破し、さらに京阪のベッドタウンとして増え続けていく状況を危惧した。「人口急増をどういう形で受け入れるか。豊かな自然と両立する形もあるし、とにかく開発で過密をつくる受け入れ方もある。文化行政、文化政策が一番物をいうのはそのへん。自然と文化と都市化が上手に調和しながら発展する道があり得る」。そして、滋賀県を「全国の生涯教育の場所として適性が高い」と述べ、「貸し座敷業」と称して企業の研修所、社会教育を目的とした国民休暇村などの利用価値があるとした。

一方、上田正昭は発想の転換を促した。「図書館など文化施設が少ないことは、逆にこれからやろうとする場合にはやりやすいわけです。抵抗がない。文化的に未開発なのは必ずしもマイナスでない」と希望を示した。

他にも、登山家でもある今西は「琵琶湖とボート、水泳というスポーツをもっと結びつけて」とスポーツ振興を文化に加えるべきだと主張し、塚本は経済人として「近江商人の滋賀県に、高校と短大を合わせた5年制の商業専門学校をつくる時期にきている」と訴えた。会は1回目から、さまざまな知恵と多角的な視点、示唆に富む問題点が提供された。

2回目以降、テーマに沿ったゲストを招いてレクチャーしてもらい、それを端緒に議論する形式で会は進められた。県民性、近江商人、自然的・歴史的風土、伝統文化、産業推進の位置づけ、住環境、そして琵琶湖と山々――。2年にわたり計8回の会合が開かれ、「滋賀の文化」について委員から広範な意見が提供された。その後、多少の委員を入れ替えた会合が発足。「文化の屋根委員会」と名づけられた。

文化の屋根

武村は懇話会の意見をただ聞き置くだけにせず、積極的に県政へ組み込んだ。単純に議論で示された具体的な施策を採り入れるのではなく、知識人たちの思想を滋賀県の文化行政の土台にし、さまざまな施策の方向性を構築していく自主性も大切にした。

知事就任から3度目の予算編成を前にした1977年1月、武村は4回目の会合で新年度の取り組みについて考えを披露した。

「県政全体に文化の屋根をつくって、いろいろな施策全般を見直していくことが非常に必要じゃないか」

武村には八日市市長の頃、「森と水と屋根のある町」というキャッチフレーズでまちづくりを進めた経験があった。広がる森林に川が流れる土地に、四角いコンクリートの団地でなくて屋根をつける工夫をし、町に個性をつけたい、という思いを込めたまちづくりだ。文化性を強調する自治体の取り組みを、武村はすでに実行していたわけだった。「文化の屋根」は、その延長線上にある政策と言える。

例えば、土地改良事業は機能本位ではなく新しい潤いのあるようなものができないか。琵琶湖の下水道処理も先進例を持ってくるのでなく、琵琶湖の生態にあった水処理の工夫が必要では。橋の設計でも個性を強調した文化の創造ができないか――。

「私をはじめ県職員全体が、国の決められた基準、能率や効率だけでつくることから一歩脱皮していきたい」

　のちに武村は、公共事業で予算の1％を文化的な創造に費やす政策を打ち出す。委員らの外形的な意見を唯々諾々と聞くのではなく、文化に対する彼らの考え方を咀嚼して、独自の政策につなげていく政治家の力量が、武村には備わっていた。

　武村の発言は続いた。「伝統文化と新しい文化をどう融合させるか、琵琶湖をフルに生かした文化創造とは何か。滋賀の個性を打ち出すうえで議論を深めなければならない」と、今後の課題を整理。文化振興のハード事業として、県内にいくつかの「文化芸術会館」を整備して各地域の拠点とし、ネットワーク化を図る考えも示唆。京阪神と滋賀県を一体的に捉え、大学などを中心にした研究学園機能の誘致についても検討課題に挙げた。

　知事になって2年2カ月。武村が知事として11年余りの間に進めた独自の施策の多くは、この時すでに語られていた。重厚長大を推し進めてきた時代の終わりを敏感に察知し、滋賀のまちづくりを3次産業を軸とし、その中核を成す思想に「文化」を据えて進めていこうという意志が明確だったことを示している。

　そして武村は委員らに、現実問題として新年度に施策化する事業を披露した。県立図書館がそれだ。

抜擢

知事就任から3度目の予算案を提案した1977年の2月県議会。武村は新年度予算についてこう説明した。

「緊縮基調は堅持しながらも、できるだけ明るさを取り戻すよう目一杯の財源を見込み、可能な限り積極的な予算を編成した」

だから県財政に少し明るい兆しが見え始めたこの年の予算案では、新しい県づくりの中心事業として文化振興が据えられた。その目玉が土地転がし事件の舞台であるびわこニュータウン内に整備する県立図書館だった。このプロジェクトが本格的に稼働し始めた時、武村はその担い手として30代の女性を抜擢した。

滋賀労働基準署の職員だった上原恵美は、最低賃金などを記者発表するため何度も滋賀県庁内の記者クラブを訪れていた。その日時などの調整で仲介してくれるのが県広報課だった。同課の職員に声をかけられた。1977年12月のことだ。

「放送局で知事と対談してもらえませんか」

聞くと、武村が番組で何人かと新春対談をするのだという。一人くらい女性を入れようとリストアップしたのだが、武村から「もっと違う人はいないか」とダメ出しをされたそうだ。そこで若い上原の名前を挙げると武村はＯＫした。「新しもの好きな武村さんの性格を読んだんでしょうね」と上原は振り返る。

対談は大阪の放送局であり、そこで初めて上原は武村と会った。スタジオで名刺交換し、打ち合わせもないまま本番に。だから何を話したのか覚えがなく、「お正月だからって、いい加減でいいのかなあ」という記憶しか残っていない。

年が明けて、労働省から東京に戻るよう内示を受けた。離任の挨拶のため県庁に行くと、自治省出身の総務部長から「知事にも挨拶したら」と知事室に連れて行かれた。「ついこの間お会いしたばかりですが」と切り出すと、「どれだけいたの」と問われた。1年3カ月ですと答えると、「それは短いな」と武村。そしてこう続けた。「もう一度、こっちに来て仕事をする気はあるか」。社交辞令と受け取った上原は「ご縁があれば」と応じて部屋を辞した。

ところが武村は本気だった。上原が東京に戻って間もなく、労働省の大臣に直接電話をかけ、「あの子が欲しい」と県庁への出向を求めた。

武村が知事に就いた時、県庁内は野崎派が主流を占める敵地だった。時間をかけ、腹を割って話し、正面から向き合えば職員の理解を得られると思っていたのは、前述した通りだ。ただ、財政再建など目の前にある政策は、待ったなしで進めなければならなかった。そこで頼みの綱にしたのが中央省庁から出向して来る官僚だった。出身の自治省からは財政の立て直しを大胆に進めてくれる人材を求め、省では先輩にあたる官僚がやって来た。事業を切って切って切りまくり、県職員だろうが県議だろうが遠慮はなかった。「健全財政にして、さっと中央に帰る。そう思っていたのでしょう、県議に嫌われるなんてへっちゃら。『こら、チンピラ』なんてどやしつけていた。そういう人を迎え入れられたのはラッキーでした」と武村は語る。

その経験もあり、省庁にこれはと思う人材がいれば積極的に引き抜きにかかった。当時、労働省から女性が都道府県の課長に出向した前例はなかった。しかし武村は前例に捉われるような性格ではない。むしろ初めての事例に挑戦したくなる性分だ。上原にも、県課長に出向する女性の突破口になれば、という思いがあった。こうして上原は東京に戻って3カ月足らずで、観光物産課長として滋賀県に帰ってきた。

その1年後の79年春、武村は上原に文化振興課長に就くよう打診した。76年、文化政策に力を入れる武村が県教育委員会内に新設した課だった。上原は困惑した。労働省の官僚として、額に汗して働いてこそ価値を生むという考え方に照らすと、1枚の絵が原材料費や労働時間などと無関係に億単位の価値を生み出す世界が信じられなかった。人間関係がややこしそうという先入観もあり、「文化は苦手」という意識が強かった。上原は「物議をかもすような発言をして絶対ご迷惑をおかけすると思いますので、その人事はぜひおやめになってください」。言葉は丁寧だがきっぱりと固辞し、4月の異動はなくなった。

ところが3カ月して、上原はもう一度呼び出された。副知事が自治省に戻ることになり、上原が文化振興課長にならないと順送り人事が止まる。そう説明を受けた。嫌だなあ、不安だなあ、と思ったが、2度は断れない。職員は将棋の駒と割り切って受諾した。

命令

新課長として初の大仕事は、計画が進む県立図書館の館長選定だった。武村は命じた。

「館長を決めるのは課長の仕事。世界中のどこからでもいいから、これはと思う人を見つけて引っ張って来い」

上原は「はた」と戸惑った。世界中のどこからでもって、そう言われても。すごい権限を与えられたと思いつつも、失敗は許されない気分の方が強かった。

新たな県立図書館を計画するにあたり、県教育委員会は専門家を招いた連続講座を開いていた。全講座を受講していた上原は、講師の一人だった京都大の教授に連絡し、館長に誰がふさわしいかを尋ねた。「それなら前川さんがいい」。前川恒雄は、東京都日野市で車1台の移動図書館からスタートし、公共図書館の規範となる「市民のための図書館」をつくり上げ、図書館関係者で知らない人はいない存在だった。連続講座の講師の一人でもあった。当時は日野市助役を務めていたが、京都大の教授は「前川さん自身はもう一度図書館をやりたい気持ちがあるようだから、脈があるかも」とアドバイスしてくれた。

上原は早速、前川の招聘に動いた。県の課長が行くのは失礼にあたると考え、副知事に頼んで日野市に足を運んでもらった。ところが、根回しが不十分だったことから日野市長の怒りを買った。「うちの前川を引き抜くとはどういうことだ」と追い返された。

当初は館長就任に難色を示していた前川を説得。前川自身が市長をなだめ、何とか館長として迎えることができた。武村が「三顧の礼でお願いした」という前川の館長就任は、図書館が開館した80年の直前のことだった。

当時、滋賀の図書館事情は全国最下位のレベルだった。市町村の図書館は4館しかなく設置率は全国46位。100人あたりの貸出冊数は35冊で、全国平均96冊の約3分の1しかない、いわば図書館不毛の地だった。

前川をはじめ、連続講座に招いた専門家は皆、「市民にとって大切なのは市町村の図書館であり、県立図書館はそのバックアップが役割」と説いていた。つまり、新たな県立図書館が機能を果たすには、市や町に図書館がなければならない。県教育委員会は80年、市や町が図書館を建てる際、一定以上の建物規模であり、館長は司書であることなどを条件に、図書購入費の3分の1を補助する振興策をまとめた。司書資格の条件は、館長は図書館運営に携わった人を据えるべきだという前川の考えに沿った。

早々と図書館建設に手を挙げたのは、武村の地元、八日市市だった。ある日、上原は武村に呼ばれ、八日市市が学校長を館長にしようとしていると聞かされた。当時の市長が武村にそう説明したらしい。

「それは困ります」。上原は即座に拒絶した。図書館づくりは、準備段階から書棚の高さや配置など館内外の細かい設計を描く必要がある。そのため、館長には司書の資格を持つ経験者が付かなければならない。そういう前川の考えに、上原はぞっこんだった。

上原に反発された武村は、その場で八日市市長に電話をかけた。「おーい市長、ちゃんとした館長を選ばないと補助金を出さないって、上原さんが言ってるぞ」。私に責任を押し付けなくてもいいのに。上原はちょっとだけ恨みながらも、仲介の労を取ってくれた武村に感謝した。市長からはすぐ、館長の適任者を紹介してほしいと連絡があり、前川に依頼して人選を進めることになった。

補助金の制度を設けても、市町村の反応は鈍かった。図書館といえば、学生が勉強する場所というイメージが強く、市民が本を借りて読むという発想は薄かった。「市民が要望するのは図書館より道路」「人口が増えて学校の新築や改築が先決」と、優先順位が低い施設という考えも根強かった。しかし、八日市市のような前例ができると、「隣の市や町にあるのに、どうしてうちの市には図書館がないの」といった市民からの要望が高まり、その声に押されて次々に新たな図書館が完成していった。

しかも、ハコモノを整備すれば終わり、という行政にありがちな事業ではなく、前川が目指した市民のための図書館という思想が埋め込まれていた。１００人あたりの貸出冊数は飛躍的に伸び、９６年には６０１・９冊と全国平均の１・５倍以上。２００６年は８２６・２冊と全国1位となり、今も東京と1、2位を争う。

本好きだった武村は読書の大切さを信じ、職員の仕事を信じた結果、滋賀は全国から視察に訪れるほどの「図書館県」になった。上原は、武村もまた県立図書館長の前川を尊敬しているのを知った。ある日、前川が「困った」と上原に相談してきた。「知事が毎月何冊か、お薦めの本を挙げてくれって言うんだよ」。本を薦めるのは自分の心の中をさらけ出すような気がすると、前川は気が引けていた。それでも前川が毎月、知事に推薦図書を示していたのを上原は覚えている。本が結びつけた二人の信頼の厚さを、上原は感じた。

近代美術館

次に武村は県立の美術館をつくる計画に着手した。就任した頃から若手の美術家らが美術館建設のカンパ運動を始めるなど、推進のうねりは大きくなっていた。また、大津市出身で日本を代表する女性日本画家の小倉遊亀が、美術館計画に取り組み始めた矢先の１９８０年、文化勲章を受章し、作品約20点を県に寄贈していた。

武村は、美術館づくりでも上原を起用した。上原は図書館づくりで学んだことを実践する。大切なのはトップだ。依頼したのは京都大の教授。作品の収集方針は、小倉の作品を軸にした近代日本画と県ゆかりの美術、そしてアメリカを中心にした現代美術とした。1980年代に入り、公立の美術館としては後発の存在だ。過去の美術品が並んで、きれいだなあ、美しいなあ、では魅力に乏しい。未来に向けて発信できるテーマとして、まだ認知度が低かったアメリカ現代美術に着目した。図書館と違って美術館は多種多様であり、テーマの選定は難しい。上原は「幸いにして私は素人だから美術に好みはない。好みがあったら苦しかったと思います」と顧みる。

収集審査会も、館建築に関する委員会も、教授を座長にメンバーを固めていった。現代美術を集めるのも、教授を通じて専門家を探しては会って、を繰り返した。現代美術には難解な作品が多く、武村からも「こんなのわからん、いらん」と何度も拒まれた。その度に上原は教授を呼び、武村に作品の意義を説明してもらい説得していった。

作品の収集は密かに進めた。購入額が7千万円を超えると県議会に上げる必要があり、何とかその額以下に抑えてきた。しかし、アメリカの抽象表現の画家、マーク・ロスコの作品が高額となり、県議会で一悶着が起きた。ある県議が作品の写真を示し、「知事、この作品のどっちが上か下か、わかるか」と質問した。上原は、武村が現代美術の収集に積極的でない姿勢だったのを知るだけに気が気ではなかった。答弁に立った武村は「いやあ、私にもどっちが上か下かわかりません。日本画は何が描いてあるかわかるけど、こういう抽象的なものはわからない」と正直に答えた。そのうえで、日本画でも値段が30万円か1億円か、次元は違うけどわからないというのは一緒と述べ、「文化部が専門の先生の意見を聞きながら、慎重に購入を進めていますので、任せてやっていただけませんか」。上原は武村の受け答えを聞き、自分たち部下に対する信頼を感じた。

また、ある作品の購入をめぐって東京の美術館と競合し、入手が困難になったことがあった。もう無理だなあと思った上原は、「知事、悔しいけど諦めます」と武村に報告した。すると武村は「えっ、なんだ諦めるのか、ちょっと待て」。何日かして作品を手に入れる話がまとまった。上原は武村から詳しい経緯を聞かされなかったが、「きっと持ち主のところに行って説得したんだろう」と推測した。最後は知事として責任を持って対処する武村の姿勢に感謝した。

1984年の近代美術館開館を前に、上原はミスに気づいた。国公立大の教授は他の責任あるポストを兼業することを禁止されており、開館準備に尽力してもらった京都大教授が就任するのは困難になった。そうした基本ルールを知らなかった自分を責めたが、どうにもならない。82年から文化部長を務めていた上原が館長を兼務することになった。

上原はその後、信楽町に県立陶芸の森を設けた際も館長になり、1991年の世界陶芸祭の開催に尽力した。開館は武村が知事を辞めた後だが、構想の始まりは武村の時だ。武村からは、陶芸博覧会の開催を求められたのだが、文化部長だった上原は「博覧会は教育委員会文化部の所管ではない」と断った。本音を言えば、当時全国でブームが広がっていた「博覧会」に手垢が付いていると嫌い、担当してからは「陶芸祭」と名づけて事業を進めていた。

次に上原は、オペラが上演できる日本有数の劇場と評価される県立びわ湖ホールの開設に力を注いだ。ホールは1998年に開館し、上原は2002年に館長に就任。滋賀県の主軸となる数々の文化施設に関わり、文化を担い続けてきた。

「一つの自治体で、図書館、美術館、陶芸の森、びわ湖ホールやオペラまでやるなんて人はいないと思うの。だから非常に恵まれた時に仕事をさせていただいたなあ」と上原は話す。文化に苦手意識が強かった自分自身が、いい時代に仕事にめぐり合い、世界を広げられた。滋賀県も自分自身も、真っさらな白い紙に地図を描いていった時代だった。武村の注文に、120パーセント全力投球した。そう自認する。

そして今。県立近代美術館はリニューアルする計画が見直されるなど前に進まず、2018年から休館が続く。武村の時代に開花した滋賀の文化が、未来に向けてどうなっていくのか。上原は未来への責任を感じ、心を痛めている。

草の根

文化政策を柱に据えた1977年度予算案には、武村の県政を代表するもう一つの事業が盛り込まれていた。県内の自治会、町内会の集会所を建てる時に補助金を出す「草の根ハウス事業」。市町村を飛び越えて、県内にある約3千の自治会組織に着目した政策は、のちに武村が自称するようになる「草の根県政」の出発点だった。

武村は自らの県政をどう名づけようか、考えていた。目指すのは「県民本位の県政」であり、「身近な自分たちの政治」なのだが、表現が平凡、ありきたりだ。何か独自の言葉はないだろうか。自分の県政を言い表し、県民が見聞きした瞬間に「おっ」と思わせるような言葉が――。思い出したのが、自治省時代に覚えた「グラスルーツ・デモクラシー」だった。

省内では、この外来の言葉を、市民一人ひとりが積極的に参加して支える政治を指して使っていた。調べてみると、1935年のアメリカ大統領選の際にスローガンとして用いられたのが最初のようだ。「グラスルーツ」を直訳すれば「草の根」だ。日本語としても通じるのではないか。身近なことを大切にする政治だと、多くの人に理解してもらえるのではないか。武村は考えを巡らせていた。

文化政策や草の根ハウスなどを含む積極的な予算を提案した県議会の1カ月前、関西の知識人を集めた「湖と文化の懇話会」が大津市内で開かれた。武村が、新年度の予算で県立図書館の計画に着手し、県政全体に文化の屋根をつくって施策全体を見直す文化政策の構想を示した時の会合だ。同時にまた、自治会、町内会に目を向けた施策も明らかにしていた。

「各町内会、末端の自治単位ですね。農村に自発的につくられた集会場は、あちこちで建て替えの動きがあり、新興住宅地の多くは住民の対話の場、文化活動をする場がない。県が建築費の3分の1を補助し、市町村が3分の1、あとの3分の1は町民に自発的に負担してもらって、住民の憩いと文化と対話の場である家づくりを進めてはどうかなと、新年度の予算で詰めています。そういう草の根文化、ふるさと文化は末端からも取り上げていく必要がある」

この時点では、建物の名称は「コミュニティハウス」や「草の根の家」、「町民の家」などと迷っていると、武村は述べていた。「草の根」はまだ、決めかねている言葉だったことがうかがえる。

県議会は2月28日に開会。武村は新年度予算案の提案説明の中で、地域住民のふれあいの場の整備促進を図るとし、その名称「草の根ハウス」が初めて披露された。

武村は県議の質問に、こう説明している。

「草の根ハウスは、住民自らの発意に基づく行政への参加が必要で、心のふれあいの場をつくるのが制度の趣旨だ。住民の最も身近な自治会、町内会を単位とし、学区単位の公民館とは性格を異にする。老人憩いの家は大変要望が多いが、婦人会、子供会と多面的な集会所であり、これを草の根ハウスという名前の総合的施設で拡大しようとするもの。専用の施設、部屋、備品などを対象に拡大を図っていきたい」

現在、町内会の活動については、面倒臭い、本来は行政がやるべき仕事の下請だ、などと批判する意見も根強く、都会などを中心に町内会の加入率は下がる傾向にある。当時はまだ組織率が高かったとはいえ、3分の1が持ち出しとなれば住民側の負担は大きく、どれくらい申し込みがあるのか、疑問に感じるかもしれない。

しかし、武村の考えは違った。これまで自治体行政は、いわゆる自治会館、町内会館に焦点を当てず、誰も目を向けていなかった。会館のような建物を持つ自治会もあったが、多くは個人の家などを会合の場として使っていた。補助金制度があれば、喜んで自分たちの場所づくりに負担するんじゃないか。県民に目を向けていた武村はそう思い、市町村の頭越しに県が政策に取り組んだ。

草の根ハウスを建てる場合、延べ床面積は120平方メートルまでとし、費用の3分の1を補助。建築単価で計算し、木造の場合は最高約450万円、鉄筋なら約530万円を住民に支出する。市町村から同額の補助を受ければ、住民の負担は3分の1で済む。また用地を購入する場合にも補助があり、1986年からは市街地での用地取得には補助金を上乗せするなど、手厚い助成策を講じている。

結果は、武村の思惑が正しかったことを証明する。1989年度までに設置された草の根ハウスは1028カ所。制度が変わる前年の1999年度までに、約1500件の補助がされた。

その後、地域のグラウンド整備などに補助金を出す「草の根ひろば事業」や、自主的な図書活動に本の購入費などを援助する「草の根文庫事業」など、「草の根」の名がついた政策が次々と展開されていく。実際に建てられた会館やつくられた広場には、「草の根」の名称が使われないケースも多かったが、県民のコミュニティ活動はしっかりと根づいていった。

住民自治

「グラスルーツ・デモクラシー」という言葉も、それが表す思想も、自治省内はともかく、一般には知られていなかった。だが、武村が直訳して使い始めた「草の根民主主義」という言葉は、面白いことに他でもこの時期に唱えられるようになっていた。高度経済成長の時代が終わり、豊かな財源を何に使うかを競うのではなく、限られた財源をどうやって有効に活用していくかに知恵を絞る時代が到来していた。それを表す思想の一つが、神奈川県知事の長洲一二らが提唱した「地方の時代」だった。そして、身近な政治の時代を感じ取った政治家や学者らが、それを象徴する「草の根民主主義」という言葉を生み出していった。今では日本の多くの政治家がこぞって「草の根政治」を口にする。その思想が日本で広がっていった始まりが、この時代だった。

では、武村はどういう意図で「草の根」を使ったのか。初めて「草の根県政」を宣言したのは、「草の根ハウス」事業を始めた翌年の1978年2月の県議会。知事1期目の最後にあたる年、議場でこう語った。

「草の根民主主義が意味するのは民衆の隅々にまで行き渡る民主主義である。草の根県政も、そのような社会を滋賀県で実現しようとする政治的方法論だ。住民自治の基盤はまだ底が浅い。一朝一夕で確立できると考えているわけではない。県民一人ひとりの自覚を待って、初めて実現できるものだ。知事一人が声を大にしても簡単にできるものではない。時間をかけて徐々に熟成されるものだ。草の根県政の確立を理想とし、県民とともに理想実現に努力したい」

単に県民に身近な政策を進めるのではない。県民に政策への参加を求めるだけでもない。住民自らが政策に関わり、責任を伴って行動すること。それが「草の根民主主義」だ。武村の意図は「住民自治の実現」にあった。

では、住民自治の基礎をどこにするか。武村は基礎自治体の市町村よりも小さな集合体である「町内会」を念頭に置いた。国や県、市町村という「お上」が決めて上意下達するのではなく、自分たちのことは自分たちで決める自治の考え方を住民に促すには、自治会、町内会の単位が最もわかりやすい。室町時代には、年貢や水の管理などの掟を定めて運営していた自治組織の惣があった。そうした自治の考え方が滋賀県でも脈々と息づいていることは、子ども時代を過ごした自分の集落で経験していた。留学したドイツでも、地域のことは地域で話し合って決めているのを見てきた。県という自治体は、国と市町村をつなぐだけの役割ではなく、住民自治を確立させるための政策を進められるはずだ。武村はそう信じていた。そして、住民たちが自らの物事を話し合い、決めていく場として、「草の根ハウス」は必要だった。

国体

住民、県民の参画を大切にする武村の思いは、約12年間の県政に通底していた。

1981年9～10月、滋賀県で国民体育大会「びわこ国体」が開催された。武村は国体に余分な金を費やすことに後ろ向きだった。多くの種目を開くためには、県内各地に各種目用の施設が必要となるが、武村はできるだけ経費を使わない方策を採用した。メイン会場も新設せず、大津市の皇子山総合公園陸上競技場を使用。開催地が総合優勝にあたる天皇杯、皇后杯を獲得する通例についても、「別に優勝しなくてもいいんじゃないか」と公言していた。決してスポーツが嫌いなわけではないし、理解が薄いわけでもない。ただ、都道府県が持ち回りで開催する国体が、年々華美になりすぎているのではと感じていた。

一方で、県民は初めての国体を成功させようと懸命だった。全国から選手、役員らを迎え入れるため、各自治体は街路樹の整備などに力を入れ、住民らも美化運動に積極的だった。婦人会は開会式で披露する踊りなどの練習に、朝から晩まで取り組んでいた。多くの県民が国体を成功させようと、一生懸命に動き回っていた。

そうした県民の姿を見て、武村は「これは成功させてやりたいなあ」と思っていた。特に開会式当日に雨でも降られたら、あれだけ連日練習してきた婦人会の努力はおじゃんになる。それは気の毒だと、天に手を合わせたくなる気持ちだった。開会式の数日前、大津市内の宴席に出席していた武村は、そんな思いを秘書の下仲善一に伝えた。

下仲は武村より8歳年上。約150センチと小柄で、約180センチの武村と並ぶ姿はドン・キホーテとサンチョ・パンサ、スターウォーズのドロイド「C－3PO」と「R2－D2」を思わせる。戦時中は戦闘機の整備工としてテスト飛行も務め、戦後になって県庁に給仕として採用された。武村が知事になって数年後、ある宴席でのこと。遠くの席から怖い顔をして睨んでいる男に気がついた。職員に聞くと、酒も飲まない真面目一徹な男だという。「面白い」と秘書にしたのが下仲だった。下仲は武村が国会議員になってからも秘書を続け、大蔵大臣の時には政務秘書官を務めた。武村が引退後も二人連れ立って、食事や旅行などに出かけている。

開会式を心配する武村の話を聞き、下仲が真面目な顔で言った。「滝に行きましょう」。滝に打たれて雨乞いならぬ晴れ乞いをするのだという。それも今から。もう午後10時になるというのに。実直なこの男が冗談などいうはずがない。やるか。武村と下仲は、大津市内の神社に向かった。武村はすっぽんぽんになって、滝の水を頭から受けた。途端に頭がクラクラとした。その時を思い出すと武村は頭をかく。「後で調べると、いきなり滝を頭で受けると水圧や冷たさから脳震盪を起こすことがあるんだそうです。まず手足に水をかけるんだと。そうとは知らずに素っ裸で滝行に臨んだ甲斐があり、大会期間中は好天に恵まれましたがね」

武村が滝行までして祈ったのは、国体の成功を目指して一生懸命な県民を第一に考えていたからだ。もう一つ、「アスリート・ファースト」で実行したことがあった。開会式での挨拶だ。

国体がだんだん華美になり、式典も形骸化していると、武村は感じていた。だから、開会式は簡素でわかりやすい原点に戻したい思いが強かった。特に、選手たちが入場行進を終えて競技場に整列すると、何人もが壇上に立ち、長々と挨拶を述べるのが嫌いだった。

びわこ国体開会式で、開会宣言をする武村正義氏。左端は昭和天皇（1981年10月）
朝日新聞社提供

「本日は晴天にも恵まれ」などと時節の言葉に始まって、長々と祝詞のような言葉を並べても、選手たちはうんざりし、ただ迷惑なだけだ。もっと簡潔にして、スパッと短くした方がいい。

武村は、最初に用意された挨拶の原稿を6分の1くらいにバッサリ削り、さっと話を切り上げて壇から降りた。すると長話を覚悟していた選手たちから大きな拍手が起こった。続いて登壇した県議会議長も、あっという間に挨拶を終えた。武村に短くするよう釘を刺されていたうえ、知事より長く話すわけにもいかない気持ちが働いたのだろう。開会式の短い挨拶は、後々まで語り草になった。

大会は大成功を収め、「優勝しなくてもいい」という武村の意に反して滋賀県は総合優勝を果たした。武村は選手らに胴上げをされ、勝利を喜んだ。

滋賀県では2024年、2度目の国体となる「国民スポーツ大会」が開催される予定だ。競技場の整備や各種目の開催地などをめぐって、議論もある。「僕の時は初めてだったから、県民もみんな盛り上がっていました。でも2回目ですし、時代も違いますし、県民は国体にあまり魅力を感じていないんじゃないかなあ」。県民の視点から物事を考える武村の言葉だ。

5　赤潮

湖の悲鳴

滋賀県庁の本庁舎は1939年に建てられた。4階建ての正面中央には塔屋を配し、上から見ると「口」の字のように建物が中庭を囲む。中庭からの光がステンドグラスを経て射し込む中央階段の手すりには、陶器のレリーフで装飾が施されている。昭和の名建築として2014年には国登録文化財に登録された。

知事室は3階にある。秘書課の部屋を通り、20人は座れる応接室、そして執務室へとつながる。ここにも大きな応接セットがあり、武村正義は在庁時、この2部屋を使って、来客の応対や職員との打ち合わせなど、分刻みのスケジュールをこなす日常を過ごしていた。しかし、その時は珍しく、一人で机を前にして椅子に腰掛けていた。1977年5月27日の昼前のことだ。

何やら秘書課の方向が騒がしいなと思う間もなく、バタバタっという足音とともに一人の若手職員が知事室に飛び込んできた。

「たっ、大変です！　琵琶湖に赤潮が出ました！」

確か環境保全課の職員だが、名乗りもせずに何を言っているんだ。そう思った武村だが、

「えっ、何でや！」と応じていた。

赤潮は海に起こる現象で、淡水では発生しないはずではないか。その考えが先に立ち、「何で」という言葉が口をついた。落ち着いて反論しようとしたが、職員は「とにかく来てください」と急かす。ただならぬ様子に気圧されて、武村は県庁を出て車で琵琶湖岸に向かった。

湖岸が近づくにつれ、何やら魚屋の店先に立ったような臭いが鼻をつき、どんどん強さを増す。湖を見ると、いつもの青く美しい水面はそこになく、北の坂本方面に向けて褐色の筋が幾重にも漂っていた。

「何だこれは」

武村は嗅覚と視覚で湖の異常事態を十分なほど感じ取っていた。

同じ頃、県環境保全課の職員だった卯田太一郎は県委嘱の水質監視員から電話を受けた。

「琵琶湖がおかしい」

間を置かず次々と課の電話が鳴った。そのどれもが湖の異変を見た県民からの通報だった。一体何が起こっているのかと、受話器からの声は一応に不安に満ちていた。湖をまだ見ていない卯田もまた、ざわつく気持ちを抑えきれなかった。水質監視員が報《しら》せた志賀町北小松（現在は大津市）に急行した。その春まで県立衛生環境センターで湖水の検査を担当。琵琶湖、特に守山と堅田の間でくびれた北側に大きく広がる北湖の水のきれいさは熟知していた。

しかし、卯田が目にしたのはまったく違う湖の様子だった。水面に確認した茶褐色の筋は、幅約150メートル、長さ約2キロもあるだろう。ビーカーで採取した生臭い水には、溶け残ったインスタントコーヒーのような、たくさんの小さな粒が浮いていた。たぶんプランクトンだ。しかし、いったいなぜ。

大津市街地に戻ると、湖岸には大勢の人が顔を寄せ、不安そうに湖面を見つめていた。北湖よりも褐色は濃く、においもきつかった。採水する卯田に、湖岸の人たちが次々と尋ねてきた。

「何があったの」

「これは何や」

朝日新聞

1977年（昭和52年）5月28日　土曜日

国会の会期延長

「12日間」で決着へ

自民、強行の構え

きょう歩み寄り絶望的

琵琶湖西岸に赤潮

大津　水道臭いと苦情続出

在韓米軍の撤退計画

その都度対日説明

ハビブ次官、鳩山外相に約束

幼女、70㍍の国電から落ち無事

1977年5月28日付の朝日新聞。1面で「琵琶湖西岸に赤潮」と報じた

朝日新聞社提供

ビーカーには北小松を超える異常な数のプランクトンがいた。卯田は足の震えを覚え、市民に返す答えは見つからなかった。

翌28日の朝日新聞は1面で、「琵琶湖西岸で赤潮」と湖の異変を報じた。発生区域は志賀町、大津市浜大津など。「湖岸から沖合百～三百メートルの湖水が赤かっ色に染まり、魚臭い匂いがしていた」。掲載された琵琶湖大橋付近の写真を見ると、当時のモノクロ写真でも湖面の色の違いが明らかに見て取れた。

武村は、瀬戸内海などで大規模な赤潮が発生した事例は知っていた。その知識から赤潮は海で起こる現象と思い込み、淡水の湖で起こるとは思ってもいなかった。

「琵琶湖が悲鳴を上げている」

武村は思った言葉が口をついていた。そうだ、湖が助けてほしいと訴えているのだ。何とかしなければ。眼鏡の奥のまなじりを決した。しかし、何をすべきか、どうやって助けられるのか、考えは何も浮かばなかった。

原因

5月27日に県民を不安に陥れた大規模な赤潮は、6月6日まで断続的に発生した。範囲は琵琶湖北端から湖西を中心に広がり、近江八幡市沖でも確認された。翌年も5～6月に

40カ所以上で発生。もはや琵琶湖の異変は誰の目にも明らかだった。

卯田は、大規模発生の当日に採取した湖水を顕微鏡でのぞいてみた。確認できたプランクトンの一つひとつは、小さなゴルフボールにたくさんの毛が生えているような形をしていた。調べると、「ウログレナ」という名だとわかった。

大量のプランクトンを生み出す仕組みは、湖の「富栄養化」だ。字面で見れば「栄養に富んでいる」と良い水のような印象を与える。「栄養が増えて魚にはいいわね」と肯定的に捉える市民も多かったという。だが実際は、窒素やリンなどの肥料分の濃度が高まった水質の状態を指し、それがプランクトンを大量に発生させる引き金になる。

武村は、そもそも富栄養化という言葉自体をよく知らなかった。5年ほど前から局地的ではあるが琵琶湖に赤潮が発生していたことを学者から聞かされ、前兆はあったのか、と驚いた。しかし小さな赤潮は報道されることもなく、武村も知らないままに時は流れ、突然のように琵琶湖は異様な姿を現した。

どうして琵琶湖でこんなことが起きたのか。それがわからなければ対策を講じられない。武村はまず、原因の究明に着手した。赤潮発生から半年後の11月、京都大教授の門田元ら研究者に発生のメカニズム解明を依頼した。「門田調査団」と呼ばれる研究者らは、プランクトン「ウログレナ」がどのような仕組みで増殖し、集積して赤潮になるのか、データを積み重ねた。

ウログレナの培養を試みた結果、増殖に最適な水温は15～20度であり、5～22度で増殖が可能、25度以上では増殖しないことが判明。また照度は600ルクス以上で増殖可能で、大きいほどに促進。そうした好条件の下では、10日間で約100倍に増えることがわかった。増えたウログレナが風や水温などの影響を受けて集積すると、それが赤潮の現象になるプロセスも明らかにされた。

県環境保全課の卯田は、湖水のサンプルなどを持って、何度も調査団の研究者のもとに通った。実は、調査団には秘密裏にもう一つ調べるテーマがあることを、卯田は知っていた。それは赤潮の毒性だ。琵琶湖の水は滋賀県だけでなく、下流の京都や大阪、兵庫といった近畿一円で暮らす1千万人以上の人々が飲み水として使う。いわば、近畿の命と暮らしを支える水だ。その安全が赤潮によって損なわれていないかどうか、研究者らは探っていた。

調査により、赤潮による毒性はないという結論に至った。それを聞き、武村は少し胸をなでおろした。ただ、飲み水の安全は確かめられたとはいえ、美しい琵琶湖は取り戻さなければならない。

門田調査団は報告書をまとめ、次のような対策を提言した。

「本質的には湖水の富栄養化を防止することが肝要であり、湖水中のリン濃度を低下させることはウログレナ赤潮の発生を多少減少させる可能性がある。しかし、リンのみならず窒素など他の富栄養化原因物質の湖水濃度も抑制すべきである」

「農業排水、産業排水、生活排水は湖内に流入する前にできるだけ浄化し、増殖に必要な物質を除去することが望ましい」

赤潮を引き起こす主な原因はリンと窒素。研究者は、どちらも減らすのがベストだが、どちらか一つを減らすだけでも赤潮をなくせると、武村に告げた。

「それならリンだ」

武村はリンをターゲットにすると即断した。頭には、リンを含む合成洗剤をやめてせっけんを使おうと活動する県内の女性たちの姿が思い浮かんでいた。

せっけん運動

滋賀県の市町村の各地域には、自治会があり、女性たちによる婦人会が組織されていた。それを束ねるのが、滋賀県地域婦人団体連合会（現・滋賀県地域女性団体連合会）だ。この女性団体は、赤潮発生の5年以上前から合成洗剤を問題視していた。その理由は健康への影響だ。合成洗剤を使うと、主婦の手荒れや赤ちゃんのおむつかぶれが起こると指摘し、「買わない、使わない、贈らない」の「三ない運動」を進め、粉せっけんへの切り替えを呼びかけていた。

後に連合会の会長を務める中野璋代は当時、大津市の婦人会の会員だった。合成洗剤の使用をやめさせるよう陳情をするため、足しげく県や市の担当課を訪れた。担当の職員が「また来たか」とうんざりした表情を見せても、平気で通い続けた。合成洗剤の問題点を県民、市民に広く知らせるのが自分の役割と燃えていた。

しかし、中野ら女性たちの熱意とは裏腹に、せっけんを使う市民は少なかった。合成洗剤よりも値段が割高であり、せっけんは水に溶けにくい。洗濯に手間がかかる不便なせっけんを選ぼうと考える主婦は少なく、運動の広がりは鈍かった。

そこに赤潮が起こった。

県は赤潮発生の2年前にあたる1975年、どこからリンが琵琶湖に流入するのか、その負荷発生量を調査していた。1日あたり約2330キロのリンが琵琶湖に入り、その半分近い48パーセントの約1110キロが家庭排水。約680キロの工場排水や約320キロの農畜産を大きく超えていた。家庭排水の内訳では、合成洗剤はし尿と並んで3分の1以上。負荷発生量全体で換算しても、合成洗剤は約18パーセントを占めていた。

リンや窒素が増えたと聞けば、誰でも工業化が進んだことに目がいく。武村も真っ先に工場排水を思い浮かべたが、リンの半分近くが家庭排水が原因だった。約30万世帯のほぼ全世帯に洗濯機がある。一般の人たちは合成洗剤に何が入っているか気にせず、衣類をきれいにする白い粉としか認識していない。各家庭から毎日せっせとリンが琵琶湖に流れ込んでいた。

つまり、琵琶湖からリンを減らすには、合成洗剤の使用を控えることが効果的だと数字が物語っていた。健康問題から始まった合成洗剤をせっけんに切り替える運動は、赤潮を契機に環境問題へとテーマが移った。彼女たちの活動は一気に勢いを増した。

せっけんの普及活動に取り組んでいたのは女性団体だけではなかった。後に全国で初めての環境生協を設け、滋賀の環境運動をリードしてきた湖南生協も、その一つだ。理事長を務める細谷卓爾は、総評滋賀地評の元副議長。八日市市長だった武村に会い、その人物に惚れ込んで知事選候補に推し、陣営の中心の一人として選挙を戦った。労働運動から離れ、生活者のための生協活動に身を投じて間もなく、大規模な赤潮に出くわした。この問題でもまた、細谷は武村と深く関わることになる。

ただ、武村と違い、細谷は赤潮の発生を驚いていなかった。それどころか、「案の定だ」と得心していた。合成洗剤の問題に詳しい学者から、健康面だけではなく、琵琶湖の水質への影響を懸念する意見を聞いていたからだ。

赤潮から半年後の1977年11月29日、県が設置した合成洗剤対策委員会の初会合が県庁で開かれた。赤潮発生のメカニズムを解明する「門田調査団」の発足とほぼ同じ時期。富栄養化を起こす原因物質とされるリンを含んだ合成洗剤の使用削減を図ろうと、対策案を練ってもらうのが狙いだった。

委員は、消費者や事業者の代表、学者や行政関係者ら20人。その1人に細谷も入っていた。細谷が理事長を務める湖南生協は、大豆の廃油を使った植物性のせっけんを独自に開発し、販売を始めたばかりだった。溶けやすく洗浄力も優れていると自負する細谷は、「せっけんと言っても植物性と動物性があるんだ」と一括りにされるのが内心面白くなかった。

しかし委員会で出る意見は、動物性と植物性の違いどころでないほど、大きくかけ離れていた。

「有リンに限らず合成洗剤そのものを無くしていくことが必要だ」

「いや、合成洗剤追放というラジカルなものでなく、せっけんを使おうとPRしては。『白か黒か』は困る」

「業者としては、『洗剤は悪い』というのはちょっと問題と感じる」

「せっけんを店頭に置くことは厭《いと》わないが、採算が合うかどうか商売上考える」

百出する意見に、細谷は思った。合成洗剤をせっけんに切り替える県民運動を成功させるには、小異を捨てて大同につく。リンを含む洗剤にターゲットを絞らなければ。そう戦略を定めた。

条例

合成洗剤対策委員会は5回の会合を経て1978年6月1日、提言を知事の武村に提出した。基本的な考え方として、「琵琶湖を守り次世代に引き継ぐことは我々の責務。琵琶湖の汚濁をこれ以上進行させないためには産業面、生活面からの総合的な対策が必要であり、同時に便利さ、物の豊かさの中での生活が汚濁を招いたことを反省し、生活習慣や考え方を改めていくことが必要だ」と、県民一人ひとりが琵琶湖を汚した当事者であると指摘。合成洗剤については、「富栄養化の原因としてリンがあり、まずリンを含む合成洗剤の使用を減らすこと」とし、「有効な代替品としてせっけんの使用をすすめるべきである」と、せっけんへの切り替えを求めた。

そして、行政の役割として、「今後、（合成洗剤の）規制措置についても調査検討を進めるもの」と、県独自の規制条例についても触れた。その実施は「県民の多数の合意が前提」と、琵琶湖を守る県民の意識と行動に期待を寄せた。

細谷は、提言の意味をこう解説する。

「洗剤を規制する条例は重要だ。だが、せっけん運動は条例ができれば終わりでない。それを踏み台にさらに進めるものだという宣言だった」

直後の6月14日、朝日新聞滋賀版に、こんな見出しの記事が掲載された。「合成洗剤県民の半数協力なら　条例で規制へ」。生活環境部次長が県議会で、合成洗剤を規制する条例を設けるには「県民の50％以上の協力が得られた場合」と見解を示したのだ。

この見解は、知事の武村の考えでもあった。親しんだ湖の異様な光景を見て以来、武村は「赤潮の出ない琵琶湖に戻したい」と心の奥底から思ってきた。富栄養化の主因とされたのは窒素とリン。特定の犯人が浮かばない窒素に対し、リンはすぐに合成洗剤と結びついた。

リン入りの洗剤を県が独自に規制できないだろうか。地方自治体には憲法に認められた条例制定権がある。ただ法律に基づき、実効ある条例を設けるには——。

条例づくりに向けて本格的に動き出すには、二つのハードルがあると武村は考えていた。一つは、合成洗剤対策委員会が提言した通り、県民の多数が賛成することだ。県民の理解がなければ条例は画餅に終わる。県民が望むか望まないか、それが肝心だった。そして、県民の熱意を推し量るため、もう一つのハードルを課した。せっけんの利用率が5割を超えること。当時の使用率は約10パーセントにすぎなかった。それが50パーセント以上に伸びるまで、県民が行動するかどうか。それを見極めたいと武村は思っていた。

熱意

一方、せっけん運動を進める人たちは、50パーセントという目標が定まったことで一気に動き出した。8月23日、女性団体や消費者グループ、商工団体、農協、労働団体など96団体からなる「びわ湖を守る粉石けん使用推進県民運動」県連絡会議が発足。今後3年で使用率を50パーセント以上にする方針を決めた。設立総会で、参加者一同の名で次のようなアピールを公表した。

「私たちの心のふるさとであり、かけがえのない琵琶湖は、人間の社会活動の活発化に伴い、年ごとに汚され傷ついてきています。高度な文明を持つ私たちが、それゆえに自然を傷つけ、破壊しているとしたら、一体文明とは何なのでしょう。（中略）『たとえ多少の不便があっても、それが琵琶湖を守ることになるなら、私たちは粉せっけんを使いましょう』という高い思想に支えられたこの運動が、県民各層の隅々まで浸透し定着していくならば、自分たちの生活環境や自然は、自らの手で守り育てていくという『草の根民主主義』に根ざした生活意識を回復する運動としても大きな成果を勝ち取ることができるでしょう」

琵琶湖を守るためなら不便も厭わない。その考えに沿って、県内各地でさまざまな人た

琵琶湖の赤潮発生をきっかけに洗濯せっけんが並べられた大津市内の小売店（1979年7月ごろ）
朝日新聞社提供

ちが携わるせっけん運動は熱気を帯びていった。

せっけん運動の中心の一つ、県地域婦人団体連合会は当時約7万人の会員を有していた。会員らはせっけんの普及のため県内各地で洗濯の実演をし、彼女たちは「せっけんおばさん」と呼ばれるようになる。

大津市婦人会の中野璋代も、軽トラックの荷台いっぱいにせっけんを積み、普及活動に奔走した。彼女たちの中には、トラックにせっけんだけでなく洗濯機も積み込み、地域を回って洗濯のやり方をプレゼンテーションする猛者もいた。中野は言う。

「みんな一体で動き回った。なぜ？　誇りです。私たちが琵琶湖を守るんだ、という誇りです」

湖南生協理事長の細谷も盛り上がるせっけん運動に一体感を覚えた。

「琵琶湖は世界的にも大事な湖。私たちの代で何とかせな、という思いをみんな持っていた。そう、責任感というより使命感だった」

誇りと使命感を胸に滋賀県民が取り組んだせっけんの普及活動の成果は、数字となって表れた。赤潮発生の頃、せっけんの使用率は約1割にすぎなかった。それが「びわ湖を守る粉石けん使用推進県民運動」県連絡会議が発足して約8カ月後の1979年4月には約40パーセントに到達。翌80年には70パーセントを超えた。

武村は、活動を後押しするような働きかけはしなかった。会合に出席したときにお願いしたくらいだ。細谷も武村から支援を受けた記憶はない。それでもせっけんの使用率が驚くほど伸びたのは、もちろん運動に取り組んだ人たちの熱意あってのことだ。ただ、それだけでこれほどまで普及が進むはずもない。根底には、琵琶湖に対する滋賀県民の思いの強さがあってのことだと、武村は思っていた。目の前で、大きな図体の琵琶湖が赤茶け、臭いを発し、明らかに病気になっている。県民は理屈抜きに、「これはいかん」「何とかせなんと」と感じた。せっけん運動を契機に県民の思いが吹き出し、それが行動になって表れた。そう武村は受け止めていた。

武村が合成洗剤の規制条例を設ける条件と心に決めていたハードルは、県民の多数が賛成し、せっけんの使用率が5割を超えること。それらは実現に近づいた。ハードルは超えられると武村は内心、楽観していた。琵琶湖に対する県民の思いを信じていたからだ。いよいよ条例づくりに取り組む時期が来た。

ただし、武村は遮二無二理想を追うのでなく、現実主義を併せ持っていた。それは官僚として培われた資質なのかもしれない。政策を結実させるために多くのデータを積み重ね、理論武装を固めていった。その一つが、海外事例の調査だ。

条例の可能性に向け、洗剤の使用を規制した事例が海外にあると聞くと、武村はそうした先進地に職員を派遣した。

アメリカ中北部にある五大湖の一つミシガン湖のに面する大都市・シカゴ市。1971年には皿洗いや乳製品、飲料の製造を用途とする洗剤を規制し、翌72年には洗剤の規制を全面的に広げた。同市の汚水は五大湖に流れ込むのではなく、下水処理後にミシシッピ川へ流れていく。派遣された県職員は市の担当者から「五大湖の水は守られて、ミシシッピ川の水は汚れていい、という理由は一つもない。下流にきれいな水を流す責任がある」と説明を受けた。

ヨーロッパでは、ライン川のように大河が複数の国々を流れる。このため共同体の協定が定められたほか、西ドイツでは75年に洗剤の成分や使用量を規制する法律が施行された。

「洗剤を規制する条例は荒唐無稽ではない」

武村は世界の動きに勇気づけられた。

規制

合成洗剤をせっけんに切り替える県民運動の盛り上がりと、洗剤を規制する海外の事例を調査したことにより、武村はリン入りの合成洗剤を規制する条例の実現に向けて本格的に動き出した。憲法94条は「地方公共団体は、その財産を管理し、事務を処理し、及び行政を執行する権能を有し、法律の範囲内で条例を制定することができる」と、条例制定権を認めている。ただし、「法律の範囲内で」と足かせがつけられている。

この足かせが問題だった。洗剤の使用や販売を規制することは、商業の自由に反する恐れがつきまとう。法律に抵触せず、洗剤規制の条例を設けることは可能なのかどうか。武村の命を受けた県職員らは、条例の可否を探るため上京し、霞が関を駆け回った。

しかし、自治省（現総務省）、洗剤メーカーを所管する通商産業省（現経済産業省）、環境を守るはずの環境庁（現環境省）までも、条例に対して肯定的な意見は出てこなかった。

「法令違反の疑義がありますね」

「慎重な検討が必要でしょう」

ただ、条例は明らかに違憲だとか、けしからんとか、真っ向から否定する回答もなかった。

職員からの報告で、煮え切らない国の態度を知った武村は、逆にやる気が湧いてきた。

「裁判になったら負けると言われたわけでない。疑義くらいでやめるわけにはいかない」

この難局をどうやって乗り越えようか。武村は、出身の自治省の先輩が内閣法制局の部長になっていたことを思い出した。

すぐに連絡すると、少し時間が欲しいと返事があった。法令に抵触するか、検討してくれるという。

先輩はどんな策を授けてくれるのか。それとも、条例は無理と諭してくるのか。ジリジリしながら1週間が過ぎ、武村は上京して法制局に向かった。

部長は武村に一つのキーワードを示した。それは「富栄養化」だ。

「合成洗剤だけを否定するのは問題になる。しかし琵琶湖の富栄養化を防ぐためであれば、県民に負担を強いる条例は滋賀県なら成り立つだろう。条例は富栄養化を防止する総合的な対策をとることが目的であり、その一環として洗剤を規制する。これなら、いけるかもしれない」

いけるかもしれない――。先輩の言葉で武村は自信を深めた。会談の最中、先輩は親密な態度も示さず、頑張れとも言ってはくれなかった。しかし、回答の内容に励ましの気持ちがこもっているのを感じ取った。工業も農業も規制の対象にした富栄養化対策の条例をつくろう。腹は固まった。

1978年が暮れようとしていた。

1979年3月の県議会。武村は、秋をめどに合成洗剤の規制を含めた総合的な琵琶湖の富栄養化防止条例を制定したいと正式に表明した。条例の文案作成にあたり、県職員は原案を持っては法制局を訪れ、相談を重ねていった。

洗剤使用を反対する人たちの中には、リン入りの洗剤に絞った規制条例を手ぬるいと感じる意見もあった。「界面活性剤も規制すべきだ」「無リンであっても洗剤はダメだ」と、リンにターゲットを絞った規制条例を容認しない動きが収まらなかった。武村は彼らと議論し、目下の焦点は琵琶湖の環境であり、その改善の優先するため、リンに絞った条例でアプローチさせてほしいと訴え続けた。「それでは問題の解決にならない」と納得しない人たちも、最後は「規制がないよりはましだ」と、条例に反対する声は小さくなった。

抵抗

本格化した条例づくりに、最も強く反発すると予想されたのが洗剤メーカーだ。

県の合成洗剤対策委員会が78年6月、「せっけんの使用をすすめるべきだ」とする提言をまとめたのは、すでに述べたとおりだ。この提言に、洗剤メーカー各社でつくる日本石鹸洗剤工業会はすぐさま反論した。「合成洗剤は何ら問題がない」などとする見解を発表。そのうえで、条例で規制などすれば大問題になると、県の動きにクギを刺していた。合成洗剤を悪者扱いされるのは、メーカーとして許しがたく、さらに規制となれば実害が及ぶ。滋賀県の動きを業界は注視していた。

条例づくりに着手した武村は79年6月、上京して工業会を訪ねた。事前に訪問の理由などは伝えず、いきなり敵の本丸に乗り込んだのだった。応対した洗剤メーカー社長の同会会長に、「合成洗剤を規制する条例の制定を検討しています」と告げた。いわば宣戦布告だ。会長は怒ることも、反論することもなく、武村の言葉を聞いていた。心中は穏やかでなかっただろうが、怒ったり反対したりする心の準備が整っていなかったのではと、武村は思った。先制パンチは確かにヒットした。

しかし工業会の反撃は早かった。翌7月、会長らが県庁を訪れ、武村に対して口火を切った。「条例による合成洗剤の規制は、やめていただきたい」と、条文づくりを急いでいた富栄養化防止条例から、合成洗剤の規制を削除するよう求めてきた。

会長は、その理由を五つ挙げた。

・琵琶湖の水質改善に必要な下水道普及率はわずか4パーセント

・リンは富栄養化の1要因とされるが、他にも窒素や鉄、ミネラルなどがある。洗剤由来のリンは約1割と推定され、その全量を削減しても富栄養化の改善はみられないだろう
・粉せっけんに変えて水質が改善される科学的な裏付けはない
・洗剤の販売が禁止されれば、県民は高性能の洗剤を奪われ、余分の労力と出費を強いられ、自由で健康な県民生活を破壊する
・洗剤販売業者は営業活動を阻害され、条例は憲法に保障される財産権と職業選択の自由を侵す

この主張に対して、武村は口調を強めた。

「怒りに近い気持ちだ。自信を持って条例を成案にもっていく」

会談は決裂した。


工業会はすぐさま、条例反対のキャンペーンをスタートさせた。新聞各紙に条例反対の意見広告を掲載し、新聞折り込みのチラシやダイレクトメールを県内の各家庭に配った。週刊誌には、条例化に向けた県の動きを「ファッショ的な思考」「現代の魔女狩り」などと痛烈に批判する記事も出始めた。工業会は、条例が審議される議会がある9月、大津市のホテルに事務所を設けた。条例に反対する活動の拠点だった。

武村は民間企業のパワフルな活動に、正直驚き、脅威を感じた。つぎ込む人もカネも想像していた以上だ。洗剤業界と広告業界の結びつきは強固であり、マスコミを動かす力もある。キャンペーンに決してひるんだわけではない。しかし、企業が本腰を入れて牙をむいた時の怖さをまざまざと感じ、これから対峙していく困難を覚悟せざるを得なかった。

前文

せっけん運動が県内全体に広がり、洗剤メーカーの条例反対キャンペーンが熱を帯びるなか、琵琶湖富栄養化防止条例を提案する9月県議会が目の前に迫っていた。

県は4月、条例制定のため大幅な組織の改編を実施していた。条例づくりを担うことになったのは、新設された環境室。4月下旬には、「富栄養化」「家庭用合成洗剤」などの定義や、洗剤の販売禁止の方法、検討課題などを洗い出した条例のたたき台をつくった。これを基に、国の省庁や法律学者らに意見を聞き、協議を重ねて、案文を練り上げていった。

県議会直前の9月にできあがった条例案は全32条。第1条では、「この条例は、琵琶湖の富栄養化の防止に関し、県、市町村、県民および事業者の責務を明らかにするとともに、排出水の排出規制その他の措置を講じることにより、琵琶湖の環境の保全を図ることを目的とする」と、条例の目的を示した。第2章では工場等の排水の規制、第4章では農業や畜産業の排水規制を定めた。

家庭用の合成洗剤については、第3章で使用禁止を明確にした。使うだけでなく、贈答や販売の禁止も明記。知事は、販売業者が条例に従わずに合成洗剤を販売、供給した場合、業者に報告を求めたり洗剤を店頭から撤去したりすることができるとした。

第6章で罰則も規定。洗剤に関しては販売業者への罰金が盛り込まれた。

条例の策定作業の終盤まで検討が続いていたのは「前文」だった。国の法律でも前文があるのは憲法や基本法に限られ、県の条例では前例がない。しかし、条例ができるまでの経緯や思いを表現するため、最後の最後に前文が加えられた。

「水は、大気、土などとともに人間生存の基盤である」と始まり、「悠久の歴史をつづりながら、さまざまな人間活動を支えてくれた琵琶湖を、今われわれの世代によって汚すことは許されない」と表明。「県、市町村、県民および事業者のそれぞれの責務を明確にし、一体となって琵琶湖を守り、美しい琵琶湖を次代に引き継ぐことを決意し、その第一歩として、ここに琵琶湖の富栄養化を防止するための条例を制定する」と結んだ。

前文の素案は、環境室の職員らが討議を重ねて作成。受け取った武村が大幅に手を入れて完成させた「決意表明」だった。

1979年9月14日、琵琶湖富栄養化防止条例案を審議する県議会が開会した。提案説明に立った武村の声が議場に響いた。

「淡海の海夕波千鳥汝《な》が鳴けば情《こころ》もしのに古《いにしへ》思ほゆ」

万葉歌人の柿本人麻呂の歌だ。

武村は通り一遍のお役所のようなスタイルを嫌い、相手の虚をつくような行動に出ることが時折ある。「えっ」と思わせて話に引き込む、いわゆる「掴み」の手法だ。八日市市長選の時も、演説中に突然、「春の小川はさらさら行くよ」と童謡を歌い出し、聴衆が呆気にとられたことがあった。人麻呂の歌はポピュラーであり、その琵琶湖への思いは県民に共有されるものだ。「ちょっと独りよがりだったかな」と思いつつも、武村は演説を続けた。

「千数百年間、県民の心象風景を形づくってきた琵琶湖は、まさに県民の心」

「心の湖」を守る条例。そう訴えた。

9月19、20日に県議10人が代表質問、一般質問に立ち、うち8人が条例案に関する県の考えをただした。前年の78年10月に知事選があり、武村は無投票で再選していた。1期目は武村の政策に反対姿勢を貫いた県議会の自民党会派だったが、この知事選を機に与党の立場に変わっていた。また、合成洗剤を規制する条例を肯定する県民世論は強く、真っ向から反対する質問はなかった。ただ、1期目に武村の足を引っ張ってきた体質が一掃されたわけではなく、意地の悪い質問も相次いだ。

「条例が可決されれば、日本石鹸洗剤工業会は憲法上の職業選択の自由と財産権の侵害になるとして訴訟を起こすと聞くが、関係機関と十二分に協議したか」

「県民の意識を高く評価しているのなら、あえて条例に走らずに行政指導の強化に進むべきでは」

県議の質問内容は事前に通告され、担当の部課が答弁書を作成するのが通例だ。条例案に関する答弁書づくりは、案を練った環境室が担当。4月に設けられた同室には、2年前に大規模な赤潮が発生した日に琵琶湖で水を採取した卯田太一郎も加わっていた。

卯田は連日徹夜で、同僚とともに答弁の内容を検討していた。答弁書ができあがると武村に届けてチェックを受け、しばしば内容の変更を求められた。そうしたやり取りを何度か繰り返すうち、卯田は武村の考えや本音がわかってきた。理解できてきた武村の思いに沿って答弁書をつくり、だんだんと武村から内容変更を求められることも減っていった。条例と議会に向き合う知事と職員の間に、あうんの呼吸が生まれていった。

ただし、事前通告のない質問には、武村がその場で答えざるを得なかった。条例の罰則に対する検察の見解について、県議から質《ただ》された。その日のある新聞に、検察が条例について疑問を抱いていると報じられていたのを受けた質問だった。

実際、検察からは条例に対する疑義を伝えられていた。県議会が始まる1カ月ほど前、大津地方検察庁の担当が副知事を訪れ、「条例案は困ります、賛成できません」と言ってきた。条例の罰則規定について、犯罪として取り締まるだけの正義があるかどうか疑問がある、という主張だった。罰則は条例の要。ギョッとした武村は副知事に対応を託したが、法務省に掛け合ってもはっきりしない状況でらちがあかない。どうしたものかと思っていたが、県議会が開会する直前、大津地検の担当がやって来て、「反対は取り下げます」と態度を翻した。

そうした経緯を踏まえて、武村は答弁に立った。

「司法当局として心配な点をこちらへ連絡をいただいたと考えている。（大津地検からは）条例制定の当否に関わるような問題について地検はノータッチであり、検討するつもりはまったくないという見解が伝えられている」

問題がないことを自信を持って主張した。

9月21日、県議会は慎重審議が必要との観点から、会期を19日間延長して10月16日までとすることを決定。9月27日の本会議後、休会に入った。延長はもちろん、審議を深めることが理由だったが、もう一つ、大事が控えていた。10月7日が衆院選の投票日であり、県議はそれぞれが所属する政党候補の選挙活動に忙しかった。相撲で言えば「水入り」であり、衆院選を終えてから心置きなく審議したい、という本音もあっただろう。

40年が経ち、武村に会期延長の間にあった衆院選について尋ねると、「えっ？　何の選挙？」とまったく覚えていなかった。条例の成立に全霊を傾け、選挙どころではなかったことがうかがえた。

成立

衆院選が済み、県議会は10月9日に再開された。この日は農業、漁業、商工、環境、洗剤メーカーなど関係者15人への意見聴取を実施。11日には県議らが省庁に赴いて、国の見解を聴いて回った。

会期最終日の16日が近づき、各会派の意見調整が続いた。議会内に条例そのものに反対する声はなく、罰則規定をどうするかが焦点だった。罰則が使用者になく販売業者だけに科せられるのはバランスに欠けると、罰則の削除を求める意見が出される半面、それでは条例が骨抜きになり制定の意義がなくなると反発する意見もあった。15日も断続的に会派ごとに議論を重ね、会派間の調整が続いた。自民会派から、販売禁止違反の罰則について1年間は適用を凍結する案が出されたが、他会派の賛成が得られず、調整は深夜にもつれ込んだ。

日付が変わろうとする直前、販売禁止違反の罰則の適応を1年間は慎重に対処するなどの付帯決議を付けることで決着。16日午前1時半ごろ、総務企画環境常任委員会が開会され、条例案は可決。同日午後に開かれた本会議で、条例案は全会一致で可決、成立した。

武村も、条例づくりに力を尽くして来た環境室の職員らも、条例成立を喜び、胸をなでおろした。環境室の卯田は後日、同室の同僚らとともに武村からスッポン料理に誘われて労をねぎらわれたこと、その時の武村が本当に嬉しそうだったことをよく覚えている。

翌80年7月1日、条例は施行。有リンの合成洗剤が家庭などから回収され、その数は計3万箱に上った。

一方で、洗剤メーカーはリンを使わない洗剤を開発していた。洗剤の主流は一気に無リンに取って代わり、県内のせっけんの使用率は少しずつ落ちていった。条例に反対しつつ、一方で無リン洗剤をつくっていたメーカー側の対応を、武村は「見事だった」と認める。結局、条例の根幹とされた販売禁止の罰則は適用されることがなかった。

武村は当時を振り返り、条例の意義をこう語った。

「洗剤からリンがなくなったのは条例のおかげ。日本中の川や湖をリンの汚濁から救ったことになる」

通称「琵琶湖条例」が施行された翌年、県は施行日の7月1日を「びわ湖の日」と定めた。県民は今もこの日、環境美化活動をして琵琶湖の保全に取り組んでいる。大規模赤潮の発生から40年にあたる2017年、知事の三日月大造は「びわ湖の日」を県民の休日にする構想を明らかにした。赤潮は、滋賀県の人たちが琵琶湖を見つめ直した出発点であり、武村は条例という形で県民に湖への誇りをかき立てた。

条例ができて4年後の1984年、武村は週刊朝日の企画で作家の司馬遼太郎と琵琶湖をテーマに対談する機会を得た。県民がせっけん運動に駆り立てられた理由を問われた武村はこう答えた。

「こんなぜいたくをしていていいのか、という気持ちがバックグラウンドにあり、滋賀県人の琵琶湖に対する思い入れがある。心のよりどころであり、誇りでもある琵琶湖に赤潮が出て、理屈抜きでこれはあかんと気づいた」

「せっけんの方が値段は高く、洗い方もすすぎが大変。それなのに、条例を制定する時には60パーセントくらいがせっけんに切り替えていた。権利主張が強くて、他人のせいにするのが今の日本の風潮と言われますが、やはり健全な心があるんだなと驚き、感激を味わいました」

司馬もまた、「日本人はそんなに公徳心が強いのか、いや強い人もいるんだと感動した」と応じ、こう述べた。

「後世の人が戦後史を書く場合、1項目を立てるべき事件、事態だと思います」

研究機関

赤潮は武村にとってショッキングな体験だった。赤茶けた湖面を自ら目のあたりにし、異様な臭いをその鼻でかいだ。そして琵琶湖をリンから守る条例を成立させた。

しかし、それだけでいいのかと、武村は自問していた。赤潮の発生は、水環境に関する県の研究がほとんど手付かずの状況なのを教えてくれた。科学的な知見が不十分なのは明白だった。琵琶湖は県固有の湖なのだから、県独自の研究所が必要ではないか。琵琶湖に関するシンクタンクの役割を担い、県の政策に生かしていく学問の拠点を設けてはどうだろうか――。

そう考えた武村は早速、受話器を手にした。相手は、国立民族学博物館長の梅棹忠夫。知事1期目の時に設けた「湖と文化懇話会」のメンバーであり、武村が尊敬する学者の一人だ。武村の構想に梅棹は大いに賛成した。「では、誰か所長にふさわしい人を紹介していただけませんか」と武村は依頼した。文化・研究分野の施設のトップにその道の権威を据える方式は、県立図書館を設けた際に成功している。

「それなら吉良君がいいよ」と梅棹は名前を挙げた。吉良竜夫は大阪市立大教授で日本生態学会の会長。武村は面識がなかったが、会ってみると学者の雰囲気を醸しながら物腰は柔和だった。素晴らしい人格者と受け止め、安心して所長を任せることに決めた。

琵琶湖研究所は1982年4月に発足。同年12月には、大津市の琵琶湖畔に研究所の建物が完成した。大津は湖上交通と陸上交通を結ぶ拠点だった頃、湖岸にはたくさんの蔵屋敷が並んでいた。鉄筋3階建ての研究所は往時の蔵をモチーフにした黒瓦に白壁という造りだった。その後、研究所は県琵琶湖環境科学研究センターに再編された。現在、研究所の跡地には滋賀県警本部の近代的なビルが建つ。

研究員は公募で10人ほどが集まった。武村は採用した研究員らを歓迎する食事会を催した。県職員とも同じような食事の会合を開いていた武村だったが、その会の出来事は鮮明に覚えている。店にはカラオケの装置があり、若い女性の研究員がマイクを握った。「歌ったのは見た目と似つかわしくないど演歌。それも上手かった」。歌声だけが記憶に残ったその研究員が後の知事、嘉田由紀子だった。

嘉田は埼玉県本庄市出身。中学の時に修学旅行で琵琶湖を訪れ、「こんなところで暮らせたらいいなあ」と魅せられた。京都大に進むと、探検部に入部。アフリカの魅力に取り憑かれ、どうしても入りたかった一念で、女人禁制の部の門をこじ開けた。

その後、米国ウィスコンシン大学院で学び、帰国後は京大大学院では滋賀の農村社会を調査。博士課程を修了した1981年、琵琶湖研究所の研究員を募集する新聞記事をみつけた。探検部顧問だった梅棹の構想による研究所と知り、「これは私の仕事だ」と手を挙げた。

嘉田の研究の立脚点は人々の暮らしにある。県内各地に入り込み、近代技術や自然保護の学問ではすくいきれない生活者の視点から、水利用などの実態を調べていった。武村から県政を引き継いだ稲葉稔には、練り上げた琵琶湖博物館の構想を提出。昭和30年代の滋賀の農家を館内に移築し、家の中には天然の水を引いた洗い場の「かばた」があった。湖と密接につながる暮らしを紹介するユニークな博物館を作り上げた。その後は京都精華大教授になり、滋賀から大阪までをつなぐ淀川水系流域委員会のメンバーとして治水などの問題にも取り組んだ。

そんな嘉田から、武村は突然連絡を受けた。すでに政界を引退した後の2005年11月のことだ。東京・御茶ノ水付近を歩いていると携帯電話が鳴り、出ると「嘉田由紀子です」と名乗ってきた。面識はあるが、それほど親しいわけでもなく、電話でやり取りする間柄でもない。少し面食らって、「一体どうしたの」と聞いた。「私、来年の知事選に出ます。応援してください」。さらに驚いた。歩道にある植え込みに腰を下ろして、「絶対に勝てないから、そんな無謀なことはやめなさい」と説得を始めた。当時の知事は2期目の国松善次。自民を中心に各政党から支持され、有力な対立候補も見当たらないため、3期目の選挙も当選が確実視されていた。そこに政治経験はほぼゼロの女性が挑むのは無茶としか思えなかった。いろいろと言葉を尽くして翻意を促したが、結局嘉田から立候補を辞めるという言葉は出なかった。

翌年4月、嘉田は知事選への立候補を表明。5月に着工した栗東市の新幹線新駅について、「もったいない」と計画凍結を主張し、7月の知事選では大方の予想を覆して当選した。武村にとっても想定外の選挙結果だった。

世界会議

次に武村が打ち出した琵琶湖政策は教育だった。琵琶湖、そして環境について、子どもの時から関心を高める必要があった。副読本を作って配布したこともあったが、十分ではないと感じていた。

ある時ふと、琵琶湖に浮かぶ学校を作ったらどうだろうと思いついた。そんな前例は世界にもない、だから面白い。考えるうちに、夢が構想に広がっていた。それが「びわ湖フローティングスクール」だ。

1982年3月、県議会がこの事業の条例案を議決。目的は「非行の増加と低年齢化などに対処するため、背景にある子どもの甘えや大人の過保護などを見直し、厳しい生活体験と集団訓練によりたくましい少年づくりを進めるため」とされた。

翌83年には全長65メートルの学習船「うみのこ」が進水。県内の小学5年生全員が順番に1泊2日の日程で乗船し、83年の就航から2018年3月までに約54万人が利用した。現在は2代目「うみのこ」が運航。子どもたちにとって湖上の船で宿泊する体験が、琵琶湖を意識づけし、環境問題への関心を深めることに役立っているのは間違いないだろう。

子どもたちだけでなく、武村本人も湖の環境を学ぶ機会を増やしていた。海外視察に行く際は湖を訪ね、また気になる湖がある国を選んでは訪ねた。琵琶湖と同様に富栄養化が進む湖は数多くあり、すでに対策に取り組んで成功した国もあれば、リンや窒素の増加が止まらない国もあった。

湖の問題を抱える国々や地域が集まって、取り組みの手法や体験、知見を語り合う場があれば。そんな会合を、この滋賀県で開けないだろうか。武村は琵琶湖研究所所長の吉良竜夫に相談してみた。吉良からは賛同だけでなく、「学者だけの会議でなく、市民運動の人たちを加えた会にした方がいい」と助言をもらった。武村の頭の中で、国際的な湖沼会議の構想が固まり始めていた。

国際会議となれば、多くの国々に参加してもらうため、最も協力を求めたいのが国連だ。その組織である国連環境計画（UNEP）事務局長のM・K・トルバに面会するため、武村はケニア・ナイロビに飛んだ。直談判で道を切り拓くのが武村の流儀だ。

武村は正直に頼んだ。「滋賀県は日本の小さな自治体ですが、日本で一番大きな湖を抱えている。その湖が環境問題に直面している。そうした湖がある世界の代表を集めた国際会議を、滋賀県で開きたい」。トルバは「本来なら国連が開催するべき会合だ。喜んで応援します」と快諾した。世界湖沼環境会議が開催に向けてスタートを切った。

環境庁は1971年に発足した新しい省庁だ。当時、大きな社会問題になっていた公害に取り組むため、厚生省や通商産業省などに分散していた規制を所管する部署を統合し、自然保護に関する行政を司った。いわば、公害という問題が創出した役所とも言える。

81年の秋、庁内にある噂が広がった。「何人か、地方に出すらしい」。それを聞いた入庁3年目の小林正明は心が躍った。政策や法令をつくるのは環境庁だが、実施するのは地方自治体。現場は霞が関ではなく地方にあった。現場が気になって仕方がない官僚たちは、地方に出て学ぶチャンスを求めていたが、他の省庁のように職員を出向させたケースはまだなかった。ついに現場に行ける。内示が出たわけでもないのに、小林は嬉しかった。

程なく秘書課長から呼ばれ、「噂になってるみたいだけど、実は職員を地方に出す」と告げられた。本当だったんだと思う間もなく、「君は滋賀県に行ってもらう」。「えっ私が行かせてもらえるんですか」と驚いた。それも、滋賀県と言えば琵琶湖条例を制定した先進県だ。「行きます、絶対行きます」とその場で返事をした。

滋賀県知事の武村は、中央官庁から職員を求め、県庁職員を省庁に送り込む人事を積極的に進めていた。琵琶湖の水質改善に取り組む県として、環境庁からも官僚を招きたいと働きかけた。小林は、環境庁にとっても滋賀県にとっても、初めての交流人事の対象者だった。

小林は82年春、滋賀県に着任。県の部長から「環境庁の専門家をもらったんだから頑張ってくれ」と激励された。入庁以来、法令づくりの下働きが多かったのだが、まずは滋賀県を知り、役に立てるよう自然体で行こうと心に決めた。

ところが最初から大仕事が待っていた。武村が世界湖沼環境会議の開催をぶち上げ、その検討委員会の人選を任された。予算は500万円。「琵琶湖研究所の吉良所長に何でも相談しなさい」と言われ、所長室を日参する日々が続いた。

その後、県地域環境計画を策定するチームに加わり、滋賀県らしい環境管理計画にするため、いろいろな分野の人と会い、部内で議論を重ねた。2年が過ぎようとしていたある日、環境庁の上司から、「どうする、帰ってくるか」と連絡を受けた。3年目に突入すると、庁に戻ってからの仕事にいろいろと差し支えがあるのじゃないか。そう心配してくれた。一方で、「もう1年いれば、湖沼会議があるけどな」。即座に「ぜひ、残ります」と答えた。最初に手がけた仕事がこの会議であり、何らかの形で関わりたい思いが強かった。

世界湖沼環境会議は84年8月27日、大津市で開幕。29カ国から研究者、行政担当者、住民団体の代表ら約2400人が集い、5日間の日程で湖の保全の方法を語り合い、再生の糸口を模索しあった。大津市民会館で開かれた開会式には、当時の皇太子夫妻（現上皇夫妻）が臨席し、「この会議を機に、湖沼のあり方について展望が開けることを願っています」と述べられた。武村は主催者を代表し、琵琶湖の富栄養化対策について、「学術研究の成果」「住民運動の支え」「行政の決断」という分担と連携で乗り切ったと説明。環境問題を核戦争や資源エネルギーなどと並ぶ人類生存の危機と指摘し、共存の道を探る議論に期待した。会期中、国連環境計画事務局長のトルバは、この会議を2年に1度、定期的に開催することを提案。2018年までに計17回の開催が続いていることをみても、会議は大成功だった。

翌年、小林は環境庁に戻ることになり、離任の挨拶のため知事室を訪れた。武村は「よく頑張ってくれた」とねぎらい、「ところで」と言葉を継いだ。「君は地球環境問題をどう思う」。小林は心中、「はあー」と力が抜けた。もっと実務に沿ったことに興味があると思っていたのに。当時、環境白書にも「地球環境」に関する記述はほとんどなく、深い議論がなされていなかった。だから質問はよく覚えているが、なんて答えたかは、記憶にない。

小林が武村と再び会ったのは1986年のことだ。衆院議員に当選した武村は環境委員会に加わった。小林は、知事でいれば県内で思い切った政策ができるのに、今更陣笠の国会議員になってどうするんだろうと気になっていた。その武村が委員会で初めて質問したテーマは、やはり地球環境問題だった。質問を聞いていた小林は「またか」と思った。知事として、あれだけの実績を上げて国会議員になったんだから頑張ってほしいのに、最初の質問が地球環境とは。「武村さんはトンチンカンな方向に行こうとしているのでは」と心配した。

小林は2016年、事務方のトップである環境事務次官に就き、18年にはPCBの処理などを司る中間貯蔵・環境安全事業会社の社長に就任した。当時を思うと、自らの不明を恥じるばかりだ。「武村さんが地球環境を言い出したとき、こんなことからスタートして、この人は大丈夫かと思った。国会で最初の質問が地球環境かよってね。今じゃ考えられないかもしれないけど、そういう時代だった。武村さんは、僕らより一歩も二歩も先の時代を見ていたんです」

武村が地球環境というテーマにこだわったのは、観念論ではなく、素直な認識に基づいたことだった。琵琶湖の環境問題に関わり、それを契機に世界のあちこちの湖を見て回ると、大なり小なり汚染などの問題を抱えていた。水の問題の背景には森、そして山の問題があり、もちろん大気の問題も関係する。世界各地の生々しい実情を見て歩いた経験が必然、地球環境そのものを考えていくことにつながっていた。「だから国会で地球環境について発言をしたんだろうと思いますね。グローバルな認識は琵琶湖から出発していたんです」と、武村は振り返る。

6　県庁移転

任期

まったく予期せぬ状況から知事選に挑むことになり、下馬評を覆して激戦を制した武村だが、その後は知事のいすを選挙で争うことはなかった。最初の選挙で現職の野崎欣一郎を担いで争った自民が、武村1期目途中から支持する立場に転向。武村県政はオール与党になり、体制は盤石になっていた。2期目の1978年、3期目の82年の知事選とも相手候補がなく、武村は無投票で当選した。

ちなみに戦後、知事選が無投票だった事例は武村で12人目を数える。2回連続の無投票

知事3期目に入った1983年ごろの武村正義氏
朝日新聞社提供

となると前例はなかった。武村以後の無投票当選は、2003年の鳥取県の片山善博まで20年以上も間が空く。その後、高知県の尾崎正直が2011、2015年と、武村以来2人目の連続無投票当選をしている。

3期目に入った頃になっても、武村は「その後」についてあまり深くは考えていなかった。その後とはつまり、知事を辞めた後、自らの身の振り方をどうするか。3期を務め上げてもまだ50代前半。働き盛りの真っ只中と言える年齢だ。八日市市長に挑んだ際に、

「市長のあとは国会。そういう野心があるから、普通の市長以上に仕事を頑張る」と公言していたこともあり、周囲からは、当然国会を目指すだろうと、既定の空気のように受け取られていた。武村の頭の中にも、国会議員という選択肢があったのは確かだったが、将来の自分の姿をまだぼんやりとしか描いていなかったし、国会を目標に据える気持ちも強いとは言えなかった。

ただ、武村は長期にわたって知事を務める気はなかった。それは知事に初当選した時よりもはるか昔、自治省を辞めて八日市市長を目指す前から、心に決めていたことだった。首長の任期は10年くらいがいい。権力に長く居座れば否が応でも独裁が強まり、組織は硬直化し、腐敗が始まる。アメリカの大統領も2期8年と定められている。だから任期は2期8年、ないしは3期12年が適当だ——。自治省内に広がっていた「首長10年論」を武村は信仰していた。

しかし、武村はその思いを自分の腹に深く収めて、周囲に漏らすことはなかった。議会や記者会見などで、「首長の任期は10年がいい」とか、「3期以降はやらない」とか、そういった発言は一切しなかった。もちろん、4期も5期も続ける気持ちはさらさらなかった。任期の終わりを口にすれば、周囲からは「終わった人」と見なされ、「死に体」の状況に陥ることになりかねない。それもあって武村は任期の発言に慎重だった。

そんな武村が、手がけることができるなら4期目を務めようと考えていた事業があった。

胸の奥底に秘めた夢の事業だ。それが県庁の移転、それも大津市以外に移す「県庁遷都」だった。

遷都

明治維新の廃藩置県で、現在の滋賀県は大津県（のちに滋賀県）、長浜県（のちに犬上県）に分かれていた。1872年に両県が合併して滋賀県に。その後、福井県敦賀市などを編入、分離するといった動きがあったが、県庁は大津に置かれていた。

滋賀県は南北に長いうえ、中央に琵琶湖を有するため、湖の対岸に行くには陸路はぐるりと迂回せざるを得ない。この地理的な要因もあって、南端に近い大津が県庁としてふさわしいかどうか、明治の頃から県内で議論が起こっていた。ライバルは彦根。35万石の城下町は江戸時代の近江国にあっては代表と言える都市であり、両市の周辺を巻き込んで論争が沸き起こった。

県庁舎が大津に新築されたのが1888年。そのわずか3年後の1891年12月、県庁を彦根に移転させる、という建議が県議会に出された。大津は県の南にあるため北部の住民は不便であり、県庁と往復する際に常に不満を抱いている▽鉄道が合流する草津と米原の間に位置する彦根は交通網が発達しており、人口も県内1、というのが建議の主張だ。

採決の結果、賛成過半数で建議が採択される。

ところが、同月の臨時議会でこの建議の取り消しが提案され、これが可決。さらに翌年1月には取り消しの取り消しが提案され、これも可決される。そのうえ、当時の知事がこの二つの可決に対して県会の中止を命令。大混乱を来した県議会は同年2月、内務大臣の権限で解散され、県庁移転の問題は立ち消えになった。

移転問題が再燃したのは昭和に入った1936年。老朽化した県庁舎を改築する話が持ち上がると、「この機に県庁を彦根に」という商工業者らが県庁移転期成同盟会を設立し、当時の彦根町長は内務大臣に移転の陳情書を出した。理由として述べられたのは、明治の時と同じ地理的な問題。さらに、主要交通手段が琵琶湖水運だった頃に物資集散の拠点だった大津港があった大津に県庁がおかれたが、湖上運輸は機能を失い、大津に県庁があることは、もはや県民の不便と苦痛を残すのみ、と主張した。

12月の県議会は傍聴席が満員の中で開かれ、就任間もない平敏孝知事が庁舎改築の必要性を説明。これに対して、彦根移転派の議員は「でたらめ案」だと批判し、大津の寄付額は35万円だが彦根町は100万円寄付すると訴えた。しかし採決では改築案への賛成が反対を圧倒。県庁所在地「大津」は変わることがなかった。

武村は、こうした歴史を踏まえつつも、県庁を移す野望の火を胸に灯していた。移転先は、彦根でも、生まれ故郷の八日市でもなかった。県庁を中心とした新たな街。それを一からつくりたい。その実現に向けて物事が動くのであれば、以前から3期までと決意していた任期を延ばし、4期目もあり得る――。そう思い始めていた。

なぜ、県庁移転なのか。

武村の狙いは、知事として滋賀県をより魅力的な県にすることだった。そのための政策がないだろうか、普段から模索していた。県財政の立て直しや琵琶湖条例の制定などを成就させてきたが、財政再建は前任の知事による放漫県政のツケが回ってきたわけだし、琵琶湖条例も赤潮の発生が端緒だ。政策が成るまでの過程はドラマチックだったかもしれないが、いわば身に降りかかった火の粉をどう振り払うか、という受け身の政策でもあった。草の根県政や「文化の屋根」といった独自の政策も進めてきたが、滋賀の特色をより伸ばすにはどうしたらいいか、自らの考えを試行錯誤してきた。そうした中で自分が主導する前向きなドラマとして、県庁都市構想がフツフツと湧き出ていった。

奈良時代の紫香楽宮、藤原京などのように、遷都はいにしえの時代から政治を大きく変化させようとする時に用いられた。最もわかりやすい政治改革であり、最も急進的な変革だ。さらに、新たな都を一から築く作業は、理想的な都市をつくることであり、政治家にとって魅力ある仕事だ。そのうえ、これまで全国で県庁の建物を改築、新築した例は数多いが、県庁所在地が移った事例はない。今まで誰も手がけたことがない大事業――。武村は、政治家として手がけたい大仕事の意義を頭の中で整理していった。

さらに大津市の地理的な問題も感じていた。明治と戦前にあった県庁移転の動きは、城下町・彦根との力比べという側面はあったが、彦根派が主張する通り大津が県の南端にあるのは確かだ。ただ大津の抱える位置的な問題は、それだけではない。隣の京都と近すぎるのだ。大津から京都駅までは電車でわずか10分。東京と横浜でも約30分かかる。大津は隣接する京都という大都市に影響を受けざるを得ず、それが滋賀の独自性を阻み、発展を妨げる要因になっていないだろうか。やはり地理的なアンバランスを解消し、県庁は県の中央付近にあるのが県全体の発展に結びつくのではないか——。

そんな思いが日に日に強まってきた武村だが、決して公式の場では県庁移転の構想を口にしなかった。移転には、県議会の過半数ではなく、3分の2以上の賛成が必要になる。各市町村、地域の代表である県議らは、地元の意向に従わざるを得ない。3分の2という高いハードルを越えられるかどうか、その判断は難しく、軽々に発言するわけにはいかなかった。

ただ、気の置けない報道機関の関係者には、それとなく県庁移転の是非について話したことはあった。武村の頭の隅には、どこかの新聞社が遷都という県政最大のテーマをスッパ抜いてくれたらいい、という思いが確かにあった。そうした一人に、朝日新聞大津支局長（現在は県庁所在地の支局は総局になっている）だった岡崎守正がいた。彼自身もまた、大津に県庁があるためのデメリットを痛感していた。

京都市大津区

岡崎が大津支局長として赴任したのは1982年9月。前任地の徳島県では、8月の全国高校野球選手権大会で「やまびこ打線」と名づけられた池田高校が優勝した。夏の甲子園を主催する朝日新聞の徳島支局長だった岡崎は、「滋賀への赴任は2、3日遅れる」と大阪本社に伝えるほど、任期の最後まで徳島で忙しく動き回っていた。

ようやく徳島での仕事が一段落し、大津へ赴任する準備をしているさなか、上司の部長から「京都の支局長に挨拶しといて」と促された。何気なく聞き流して大津支局に着任すると、電送機がないことに驚いた。当時はデジタルカメラなど存在せず、記者はカメラにフィルムを入れて撮影していた。支局に戻るとフィルムを暗室で現像し、画像が浮かび上がったネガフィルムを印画紙に焼き付ける。できあがった紙の写真を電話回線で大阪本社に送る機械が電送機だ。

ニュースを扱い、時間との勝負をしている新聞社の支局に電送機がないなんて。岡崎は信じられない思いで、「どうやって写真を送っているのか」と支局員に尋ねると、京都支局に写真を持ち込んで送っていると聞き、再び驚いた。さらに大きな事件があるたびに、京都支局から応援の記者をもらい、京都支局のデスクが大津に乗り込んで来て指揮を執っていたことも知った。

「京都の支局長に挨拶とは、そういうことか」と岡崎は部長の言葉を理解した。そして、無性に腹が立った。各府県庁所在地には支局が置かれ、支局は独立してその府県に関するあらゆる権限を持たなければならない。なのに大津はまるで京都の子分のような扱いではないか。こんなバカな話はない。岡崎は早速、京都支局を訪れて支局長と面会した。周知の仲だった京都支局長は「何かあれば、すぐ応援を出すよ」と挨拶してきた。それを岡崎は「応援は一切いりません」と即座に断り、唖然とする京都支局長を残して席を立った。

滋賀が京都頼みの状態なのは、社内の態勢だけではなかった。夏の甲子園で優勝した徳島県の高校野球を間近に見て来た岡崎は、滋賀の野球の実情にため息をついた。部長、監督を集めた講習会を開いて、講師に池田高校の蔦文也監督を招いた。練習の様子を見た蔦は「選手のしつけから始めなさい」「ボールの捕り方がなってない」と指摘した。厳しい言葉は、滋賀のレベルの低さを物語っていた。それは夏の甲子園に出場する県の代表校を決める滋賀大会の運営にも表れていた。大会期間中、大勢の審判を京都から呼び込み、試合を担当してもらっていた。岡崎は知り合いの国鉄（現ＪＲ）の関係者に審判を派遣してくれるよう頼み、京都からの審判を断った。

そうした京都に頼り切った大津の体質は、さまざまな生活レベルで感じ取れた。県議や大津市議らは夜の会合を開くとなると、京都に繰り出した。大津支局員も、仲間内ですき焼きをしようとなれば、京都・錦市場まで肉を買いに行っていた。滋賀には県独自の地方紙がなく、購読されていたのは全国紙と京都新聞、中日新聞。何もするにも京都、京都の状態で、「京都市大津区」と揶揄する言葉を何度も聞き、その度に苦々しい思いをした。

こうした状況をつくった大きな要因は何か。岡崎は考えた末、大津と京都が近過ぎるためだという結論にたどり着いた。大津と京都は電車で約10分、県庁と府庁も車で30分かからず、彦根に行くよりずっと早い。さまざまな機会に滋賀、大津の独立性を打ち出すよう働きかけて来た岡崎だが、京都の衛星都市のような性格を根本的に改めるには、滋賀の県庁を京都から遠ざけることが必要ではないかと思い始めていた。

構想

そんな折、大津に来て1年ほど経った1983年秋、知事の武村から県庁を移す思いを聞かされた。我が意を得たりと、武村に応じた。「京都の配下から脱して滋賀を独立させましょう」。ただ、報道機関として知事と「共謀」するような姿勢は避けなければならない。県庁とは何か、大津が県庁にふさわしいのか。それを問う朝日新聞独自の企画記事を掲載しよう。岡崎はそう決断した。

連載記事の企画にあたり、新たな県庁をどこにするか、どんな県庁都市がふさわしいかを考えなければならない。それにはブレーンが必要だった。岡崎は、国の省庁から滋賀県に出向している官僚に目を付けた。自治省出身だった当時の企画調整部長に声をかけ、4、5人の出向職員を集めた。県内出身の職員を外したのは、この企画をできるだけ秘密裏に進めたかったからだ。県庁が移転するという噂が立つだけで、大きな騒ぎになることは避けられない。県内出身の職員は少なからず利害が絡み、議論によっては話が漏れる恐れがある。企画記事がスタートするまで隠しておくには、官僚に絞った方がいい。そう判断し、極秘のプロジェクトチームができあがった。

企画の会合は、県庁隣にある朝日新聞大津支局の3階や、参加している職員の官舎で開いた。最も重要なのは移転先だ。企画取材の過程で、彦根市長が喜んで受け入れる意向を示して来たが、やんわりと断った。県庁の誘致に積極的な運動が過去にあった彦根では、移転という大プロジェクトの新鮮味に欠ける。県庁とは何かを問いかける企画記事を目指す以上、記事の趣旨に沿うような、新しい県庁都市をつくることが大切だった。

最終的に候補地として挙がったのは、野洲町（現・野洲市）だった。野洲駅近くの東海道線は、東海道新幹線と近かった。ここに新幹線の駅を誘致、新設すれば、県庁都市の玄関口になる。プロジェクトチームは、A4判の紙を2枚つなぎ合わせた用紙に、都市の絵図面を描いた。必要な官庁、施設を書き込み、どの順番で移設していくかまで決めていった。岡崎はその頃、検察庁大津地方検察庁の次席検事と会った覚えがある。県庁移転について口止めを約束してもらいつつ、検察が引っ越す気があるかどうか尋ねた。次席検事は「面白いね」と期待している素振りを示した。岡崎は、連載記事を翌年の正月からスタートさせようと決めた。

武村もまた、新県庁の場所として野洲を考えていた。朝日新聞のプロジェクトチームには官僚出身とはいえ県の職員が加わっていたのだから、同じ結論になるのは当然の帰結と言えるだろう。武村は新県庁の場所として、「県の中心はどこか」にこだわっていた。滋賀県は、県面積の約6分の1を占める琵琶湖が真ん中にあるが、市や町は湖の東側に多い。地理的にみると、県の中心は近江八幡近辺。そして人口分布や土地の状況から導き出したのが野洲だった。

野洲駅の東には東海道新幹線、国道8号が通り、開発が進んでいなかった当時は田園地帯が広がっていた。その東には、県有地の希望が丘文化公園があった。面積416ヘクタールと広大な敷地は、スポーツ、野外活動、文化の3ゾーンに分かれた総合文化公園だ。東は名神高速竜王インター近く、西はいにしえから多くの伝説のある「近江富士」こと三上山の麓までと、東西約4キロと長い。

広々とした、それも白紙の地図のような土地に、武村は魅力を感じた。県庁の建物を建てるだけなら敷地はわずかでいいが、目指すのは新たな都市づくりだ。人口10万人くらいの県庁都市を生み出したい。土地利用という観点からも展望が開けそうだ。

脳裏に浮かんでいたのは、官僚時代に留学したドイツの街並みだった。愛知県に出向していた30歳の時、前例のなかった公務留学で単身、ドイツに行った。1年数カ月の間、大学や役所で学び、見聞を広げた。中でも印象に残ったのが、訪れたどの街も美しいことだった。屋根や壁の色、窓辺に飾る花など、住民たちが話し合って街の景観を築いていた。それは、武村が進めた「草の根自治」に通じる思想だった。

もちろん、ドイツの街並みの再現を目指すわけではない。しかし、全国のモデルになる町をつくりたい。場所が定まったことで、武村の夢想は具体的な像を結び始めた。

連載

全国紙が各府県に置く支局は、その地域で起こったニュースを掲載する地方版づくりを担う。中でも力を入れる企画の一つが「正月連載」だ。新しい年のスタートに、その地域の読者にどんなテーマの物語を届けるのか。硬派の問題を提起するか、正月に読みやすい気楽な話題モノにするか、各支局は前年の秋から企画を練り始める。年末のうちにある程度の記事を書き溜めておいて、支局の記者が年末年始の休みを確保しやすくするという側面もあるが、企画を担当した記者はテーマを絞り、取材相手を探し、企画全体の構成を考え、記事の文体を選び、などなどに頭を悩ませる。

1984年1月1日。朝日新聞滋賀版に見開きで大きな見出しが踊った。左ページには「県都に湖国らしさを」。右ページには「21世紀へ〝遷都〟論議」。大津支局長の岡崎は、県庁移転の企画記事を正月からスタートさせた。それも、移転の実現を見据えて、年間を通した長期連載を目論んでいた。

左ページには大きなイラストをあしらった。琵琶湖の真ん中に浮かび上がる県庁都市。官庁街を中心に、住宅街やビジネス街、大学や文化施設、公園や市民広場、スポーツ施設などを備えた未来都市の様相だ。

記事の前文はこう滑り出す。

「戦後、一貫して指向してきた機能第一の都市づくりは反省期に入り、コンクリートで固めつくした埋め立て地や繁華街、住宅のすぐそばを突き抜ける高速道路や新幹線の時代は終わりを告げようとしている」「広々とした湖とそれを囲む山々に豊かな水田。さまざまな地域を持つ滋賀に似合うまちを考えたい」

高度経済成長期が終焉を迎え、次の時代にふさわしい町づくりに対する行政の役割は何か。それを問う記事だという宣言だ。そして、本文の書き出しでは、いきなり県庁所在地としての大津を問題視した。

「県都・大津について『滋賀のにおいがしない』『県都の顔をしていない』という指摘がある。大津は中世、近世を通して京都の〝外港〟として栄え、京都に寄り添ってきた」

両府県都が全国1の近さであり、大津は京都の風情がじんわりとにじみ、不足があれば京都が補う。そうした関係を「奇妙なつながり」と論じた。

そして、「滋賀は、元来京都とは異なる顔を持っているはず」として、だから県庁移転の論議がいまも盛んに起こると指摘。そうした論議の声は「県庁を核にして、新しい滋賀の顔をしたまちをつくろう」という期待なのだ、「世界に誇れる地方都市をつくろう」という意見も出ている、と述べ、県庁にふさわしいまちとは何か、問題提起した。

右ページは、大津にとってもっとショッキングだった。朝日新聞大津支局は前年の11月中下旬、20歳以上の県民350人に、県都移転の是非などを問いただすアンケート調査をしていた。県内を7地域に分けて各50人。男女や年齢、職業に隔たりがないように抽出した。

「県都を移すならどこがいいか」。この設問に235人が具体的な地名を挙げた。トップは守山市。続いて彦根市、近江八幡市、栗東町（現・栗東市）。武村や岡崎が構想する野洲町（現・野洲市）も6番目に挙がっていた。そして、設問の記事の末尾には、「野洲、甲西、竜王三町にまたがる希望が丘を候補地に挙げた人が少数ではあるがあった」と記されていた。

県都移転の是非については、大津、湖西地域の人のほぼ全員が「県都は大津でいい」とし、7割が移転の論議は「不必要」と回答した。しかし、県全体では「大津でいい」とする現状肯定派は半数未満。「論議しよう」という積極派が135人、うち98人は「大津以外に移すべきだ」と答えた。

アンケートの記事からは、「遷都」についての県民の意見は二分していることが読み取れる。現状維持派は大津近郊、遷都支持派は大津から遠い市町と、意見は地域性を帯びていた。

そして何よりも、朝日新聞は県庁移転に向けて積極的だと示すのに十分な記事だった。前向きな姿勢はさらに明らかになる。正月で休載していた滋賀版は5日に再開。連載「県都再考—21世紀のまちを」がスタートした。

1回目は、大津祭と京都・祇園祭の類似性などを例に、大津は京都の「分家」ではないか、と主張。以降は、彦根市の対抗意識、旧市街地の空洞化、商業地の地価トップは草津市、景観の破壊、若者の不在、飲み屋街の衰退——と、計16回にわたって大津市の問題点を指摘していった。

さらに連載「県都再考」は2月16日から再開。第2部の初回は、こう書き出す。「県都について、県民の各層は、どう考えているのか。県都移転をめぐる意見や動き、方法をどう受けとめるのか。二十一世紀を展望するとき、県都に守るべき要素は何なのか」。連載は、県庁移転そのものに焦点を当てた内容に踏み込んでいた。

初回は、大津市と人口規模がほぼ同じ山形市、大阪府茨木市の3市を比較。大津市は飲食店を除いた年間商品販売額が2市に比べて約2分の1～3分の1と小さく、ベッドタウンの傾向が強いと指摘し、「県都としての恩恵をほとんど得ていない」とした。

2回目以降では、名建築とされる県庁舎は建て増しなどで使い勝手が悪いと主張。移転するなら、交通機関からみてアンケートのトップだった守山市付近が有利であり、東海道新幹線の新駅の位置を含めた検討が必要とした。用地の取得や開発などで県費を抑制する手法もリポートした。

また、岐阜市内とはいえ約7キロ離れた場所に県庁を移した岐阜県や、新宿への庁舎移転が論議中だった東京都の事例を紹介。国が検討していた首都機能の移転も1回を割き、国土庁の官僚が滋賀県の県庁移転について、「規模こそ違え、遷都を研究するうえで大いに参考になる」と関心を示していることを明らかにした。

岡崎は、首都機能の移転構想を進めていた霞が関は、滋賀県の県庁移転に注目していたと話す。「国の官僚は、首都移転の話に弾みがつくと前向きだった。何なら予算も付けるとまで言っていた」と振り返る。

県庁問題に対する武村の発言の変遷にも1回を費やした。1期目から2期目にかけては、「軽々に口に出せない問題だ」（79年6月）、「率先して意見を述べることは控える」（81年2月）などと慎重な言葉が目立つ。それが連載の前年にあたる83年6月には、「移転の可否の検討を始める時期にきているのかもしれないが、慎重に対処したい」と、移転の意義をにじませようとするような言い回しに変化していた。もちろん武村が移転の推進を表明したことは一度もない。朝日新聞の連載は、新県庁に賭ける武村の思いを知りながらも報道機関として権力者である知事とは一線を画し、客観性を保ちつつも移転の効能を主張する内容だった。

波紋

朝日新聞の連載キャンペーンが投げかけた波紋は県内に大きく広がった。特に県議会、各市町議会の議員にとって、県庁が変わるというのは自らの政治活動に甚大な影響を及ぼす大問題だった。議員らはそれぞれの議会で各自の思いを主張し始めた。

2月5日の県議会では社会党の県議が質問に立った。「県都問題は、今やさざ波ではなく、うねり、大波となって県民の大きな関心を呼んでいる。県都の再考は武村知事に期待する声が大きい」と武村の見解を求めた。

武村は「公式に私の意見を述べるのは差し控えたい」と慎重姿勢を見せながらも、次のように答えた。県庁をとる側、とられる側の綱の引き合いの展開は、事の本質がわからない感情的な議論になる▽大津市の皆さんも、県庁がどの程度の役割を果たしているのか、利便、サービスの面でプラスかどうかを議論してほしい▽県庁がなくても魅力ある大津市のあり方はないのか、冷静に考えてほしい――。県庁移転の検討や論議を促す立場へと一歩踏み込んだ。

8日には、大津市選出の自民県議が「県庁移転論議はタブーで50年前に解決済み。大津にあるのは当然」として猛然と反対を主張。魅力ある大津市のあり方を議論するよう求めた武村に対して、「大津市をバカにした発言」「思いつきや人気取りで、移転問題を安易に扱ってはならない」と噛みつき、「断固戦う」と宣戦布告した。

しかし、同じ自民でも長浜市選出の県議は「移転論議は軽率でも安易でもない」と武村を擁護。県庁を移転するかどうかは、党派ではなく地域によって意見が割れる問題だと、改めて思わせることになった。

各市の議会でも県庁移転が取り上げられた。

現・県庁のある大津市議会では13日、市議から質問が相次いだ。「大津が県の政治、経済、文化の中心地としての役割を果たしてきたことは、自他ともに認めるところだ」「大津存亡の重大な問題であり、断固反対だ。市としても移転論に対応できる理論武装を十分に検討する必要がある」。答弁に立った市長の山田豊三郎は「今、県庁が大津から移転する理由は何もない。市民の先頭に立って阻止していく」と決意を表した。

一方、アンケートで移転先のトップに挙げられた守山市議会では、市議が「積極的に県庁誘致を働きかけ、守山を活力ある県都にすべきではないか」と質問。市長の高田信昭は

「知事は議論してほしいというが、それぞれの立場から発言すれば収拾がつかない。湖南という視点で詰めていきたい」と、市を超えて湖南地域全体で議論していく考えを示した。

断念

議論が沸き上がる中で、武村は趨勢を見極めようとしていた。県庁を移転するには県議会の賛成が必要だ。地方自治法第4条には、「地方公共団体は、その事務所の位置を定め又はこれを変更しようとするときは、条例でこれを定めなければならない」とある。そして、条例の制定、又は改廃には「当該地方公共団体の議会において出席議員の三分の二以上の者の同意がなければならない」と記されている。当時の県議会の定数は46。つまり31人が県庁移転に賛成すれば成立する。逆に言えば、16人に反対されれば夢に終わるわけだ。大津市選出の県議はこぞって反対するだろう。湖西の県議も反対の意向が強い。湖東や湖北は賛成してくれる県議が多いと思われるが、大津市に近い草津市の県議は賛否が微妙だ。武村の票読みでは、3分の2を超えるかどうかギリギリの線だった。

だが、朝日の報道を受けて、想像以上に移転反対の声が県内に広がっている状況に、武村は心穏やかでなかった。特に大津市は、予想していたとは言え、市長、市議会とも強行に反対を貫いていた。市議会として、「県庁移転反対に関する決議」を出す動きまで浮上していた。頑な大津の姿勢が、近隣の自治体にも影響することは避けられず、そうすると賛成は3分の2に届きそうもない。「これは難しいなあ」。武村は珍しく弱気だった。

一方、キャンペーンを張った朝日新聞大津支局長の岡崎は、3分の2をクリアできると踏んでいた。移転は滋賀県が発展するために必要であり、その事由を長期の連載で主張していけば世論が盛り上がると考えていた。

ところが2月に入って、事態は意外なことろから急転することになる。岡崎が大阪本社の部長から異動を告げられたのだ。着任から1年半。短すぎる。県庁の移転は、仕掛けた自分がいなくなれば水泡に帰す。そんな思いを部長にぶつけ、「半年待ってもらえないか」と頼み込んだ。だが、「人事はそう簡単に覆るものじゃない」と返事はつれなかった。

3月に入り、岡崎は簡単な手術を受けるため大津市内で入院していた武村の病室を訪ねた。「実は異動することになりました」。そう告げると、武村は「じゃあ、止めよう」と応じた。県庁の移転、そして新たな都市づくりという2人の構想は夢に終わった。

同月21日、大津市議会は県庁移転に断固反対する決議を全会一致で可決。武村から移転に前向きな発言は消え、県庁移転の話は急速にしぼんでいった。

国政へ

自ら仕掛けようとした遷都のドラマが潰え、武村は当初の「首長10年論」に立ち返った。任期の86年まで残り2年。まずは身の振り方を考えなければならなかった。

以前から仏教に興味があり、「坊さんになろうか」と考えたこともあったが、実際に僧侶になるのは難しかった。すると、やはり現実的なのは国政への転身か。自分がそう思うまでもなく、周囲は国会議員・武村に向けて動き出していた。

民社党からも声をかけられたが、国会議員になるなら自民党しか考えられなかった。イデオロギーではない。民社党の考え方は好きだが、残念ながら野党。今まで市長や知事として、責任を預かって、権限を持って、仕事をしてきた。野党にいては、これまでのように社会に貢献できない。仕事ができないまま国会議員として過ごす自らの姿を、武村はどうしても想像できなかった。一方の自民党はずっと与党。金権体質などいろいろ問題があって、あまり好きではなかった。それでも、国会に行って仕事するなら、やっぱり与党の自民党しかない。仕事イコール自民党と、ドライに割り切った。

派閥政治が全盛だった頃であり、自民党の各派閥の長から誘いの声がかかった。宮沢喜一、竹下登、安倍晋太郎。それぞれと会食し、話を聞いた。その中から武村は福田派（のちの安倍派）を選んだ。官僚出身者が多い宮沢派は自分の肌に合っているとは思った。しかし、福田派のごちゃまぜな構成が気になった。森喜朗、小泉純一郎、亀井静香、石原慎太郎と、タカ派も静かな人もいて、清濁併せ呑む感がある。当選1年生でもフリーハンドで動けそうな派閥だと思わせた。この選択もまた、まず仕事ができることを優先した結果だった。

86年2月23日、外務大臣の安倍晋太郎が大津市で講演とパーティーを開催。その様子を報じた朝日新聞によると、武村は「現職の外務大臣が外交問題を講演されるのは、県政界始まって以来。（安倍外相は）世界を代表する政治家」とあいさつをし、安倍もまた世界湖沼会議など武村の仕事に触れ、「国がやらなきゃならんことをやってのけた。その功績は高く評価できる」と持ち上げた。参加者からは「事実上の出陣式」との声もあったといい、周囲は、噂だった武村の国政転身を、現実として受けとめることになる。

こうした雰囲気に武村はクギを刺した。3月1日、月初めの庁内放送で自らの出処進退について職員に語りかけた。「衆院に出るのか出ないのか心の迷いがあるのは事実」と正直に語りながらも、「自分自身の人生としてどの道がいいのか悩んでいる」と吐露。「決断しなければならない時がくれば、決断する」と述べ、「それまでは過去12年と寸分変わらない気持ちで仕事をする。先走った噂に動揺しないように」と職員に訴えた。

しかし、周囲の動きは止まらなかった。3月17日には、武村に公開質問状を出した共産党滋賀県委員会が「回答は、知事の自民党追随、反県民的な姿勢への変質が明確」と指摘。「与党である続けることはできない」と野党宣言をし、2期目直前から続いたオール与党体制は崩れた。

国会はその頃、衆院の議員定数の不均衡、いわゆる一票の格差を是正する公職選挙法の改正をめぐって論議が続いていた。改正後は一定の周知期間が必要との観点から、衆参ダブル選は遠のいたとの憶測が強まっていた。ところが中曽根康弘首相は5月22日に法改正が成立すると、臨時国会を召集する動きを加速。6月2日に衆院は解散した。のちに「死んだふり解散」と呼ばれる政変だった。

その時、武村は海外にいた。アメリカ・ミシガン州であった第2回世界湖沼会議に出席した後、フランス、ソ連・モスクワなどを視察する日程だった。5月29日に帰国した武村は記者会見で、「今戻ったばかりで状況判断ができていない。一両日待って」と発言。翌30日の会見でも「正式な態度表明は衆院解散の翌日」と述べたが、同日夕には自民党に公認申請をして、事実上の立候補表明となった。

解散翌日の6月3日、武村は県議会議長に辞表を提出した。朝日新聞は記者会見の様子について、「県政に強い愛着を感じているだけに後ろ髪を引かれる思い」「知事職は大きな権力の座。多選は避けたいというのが私の信念」との言葉を紹介。衆院選については、「琵琶湖から世界をめざす政治家、環境問題に取り組む政治家をめざす」と述べた。

14日、武村は県庁で職員を前に退任のあいさつをした。財政再建、土地開発公社問題、赤潮発生からの琵琶湖条例制定、世界湖沼会議の開催など3期の出来事を振り返り、「みなさんの協力があればこそ」「12年間のお礼を申し上げます」と深々と頭を下げ、県庁を去った。武村正義は知事にピリオドを打った。

当時の衆院選は中選挙区制で、滋賀県の定数は5。武村はトップで初当選した。自民は武村を公認しなかったが、投票日直前に追加公認。その後、政治改革を担う政治家として頭角を現し、自民を飛び出して新党さきがけを結成。細川護煕、村山富一の内閣では官房長官、大蔵大臣を務め、大きくうねる政治の中心に存在し続けた。武村の名と「ムーミンパパ」の愛称がついた顔は、滋賀県だけでなく全国に知れ渡った。政界を引退した現在も、野党の中心を担う政治家に助言をし、テレビや新聞などを通じた発信力は衰えていない。

その武村が政治家としての人生を振り返り、最も充実した時期はいつか。武村は迷わず答える。「滋賀県知事の時代」と。

II

武村正義　略年譜

1934年8月26日	滋賀県蒲生郡玉緒村（現東近江市）に生まれる
1953年3月	八日市高校卒業
1962年3月	東京大経済学部卒業
4月	自治省（現総務省）入省
1971年4月	八日市市長選に立候補、初当選
1974年11月	滋賀県知事選で初当選
12月	知事に就任
1975年1月	県財政の非常事態宣言
2月	県土地開発公社をめぐる土地転がし問題で対策委員会を設置
3月	超緊縮型の県予算案を県議会自民党が増額修正案を可決
5月	土地開発公社対策委が最終答申「契約解除か適正価格での再契約を」
11月	県職員給与が引き下げ
1976年7月	湖と文化の懇話会第1回会合
1977年4月	草の根ハウス事業開始
5月	琵琶湖で大規模な赤潮発生
1978年9月	土地転がし事件で土地開発公社と業者が契約解除を合意
10月	知事選で無投票再選
1979年10月	滋賀県琵琶湖富栄養化防止条例が成立
1980年7月	移転した県立図書館が開館
1981年9月	「びわこ国体」開幕
1982年4月	琵琶湖研究所開所
10月	知事選で無投票3選
1983年8月	学習船「うみのこ」就航
1984年1月	朝日新聞が連載「県都再考」を掲載
3月	大津市議会が県庁移転反対の決議を可決
8月	県立近代美術館開館
8月	第1回世界湖沼環境会議が大津市で開催
1986年6月	知事を辞任
7月	衆院選で初当選、自民党から追加公認
1993年6月	自民党離党、新党さきがけを結成、党首に
8月	細川内閣発足、官房長官に就任
1994年6月	村山内閣発足、大蔵（現財務）大臣に就任
2000年6月	5選目指した衆院選で落選、その後引退

知事ができること——武村正義インタビュー

◉政治にドラマを

——武村さんは、自身の政治家としての人生を振り返って、最も面白かったのは滋賀県知事の時だったと言われます。国会は国の大元を決め、市長や町長ら基礎自治体のトップはまちづくりのアイデアを具現化しやすい立場です。それに比べて都道府県は、いわば中二階。知事の自治体経営は難しいのではないでしょうか。

まったく難しくないですね。総理大臣と知事、市長と並べてみると、知事が一番魅力的だと思います。楽にできるという意味でなく、思い通りに仕事ができるという意味です。総理大臣は政党政治だし議院内閣制だし、縛りがたくさんある。内閣の座長みたいな仕事で、決してそびえ立っている存在じゃないんですよ。

知事や市長はトップですから、唯一の最高責任者であり、絶対的な立場でもある。ただ市町村のトップは重たいんですよ、住民の目が光っているから。面白みはありますよ、私も市長を務めたことがあり、その実感としては。面白さを肌で感じられる。一方で、政策によって住民の顔が喜んだり怒ったりする反応が直接的で、そういう意味では、ものすごく気を使う難しさもある。

この点、知事は、割合と本人が物事を決めたり、決断したりすることができるポストで、かなりの仕事ができる。私は市町村を飛び越して草の根ハウスをつくったりしました。決めるときは市町村を超えてポーンと決めて、上意下達みたいにおろしていくこともある。知事というのは仕事をするのに素晴らしく良いポストだと、実際にやってみての実感です。

――では知事にはどんな資質が必要だと思われますか。

知事は広大な地域の経営者だと思います。市や町に比べて非常に広い。地域を経営する統治能力、統合的な経営能力が問われる。住民に喜ばれることばかりしていられたら楽なんですけど、嫌われること、負担をお願いすることも場合によってはしなくちゃならない。負担とか立ち退きとか買収とか、嫌がられることも出てくる。そういう場合に、ある種ドラマがあったほうが、住民は理解してくれる。説得力があるんですね。
だから、知事は「ドラマチックな県政」ということを意識してやられた方がいい。あなたが言われたように、県が中間自治体なのは事実ですし、知事が何もしなければ忘れられる存在になってしまう。どんなドラマがいいのかは知事や地域によってそれぞれでしょうが、何かそういったものがないと県民は知事を身近に感じない。やや遠い存在になってしまうのは確かです。
材料は考えたらいろいろあると思うんです。私のように、琵琶湖に赤潮が起こったりすればラッキーなんだろうけど（笑）。

――ラッキーだったかどうかはともかく、手堅く水質浄化だけで済まさず、リンを規制するせっけん条例の制定を実現し、さらに世界湖沼環境会議の開催までつなげていかれたのは、ドラマチックな展開でした。

おっしゃる通り。赤潮から始まったせっけん条例とか世界湖沼環境会議とかは、いわば国の政策そのものにも関係し、前向きで大胆な政策です。琵琶湖に赤潮が出て、琵琶湖大橋あたりまで赤茶けた湖面を見て、私は「ああ、琵琶湖が悲鳴を上げている」という言葉が頭に浮かび口にした。この言葉が出てきたのがドラマの始まりですね。そこから議論が始まり、政策をつくり上げていった。県民の心にこの言葉が受け入れられたから、大方の県民がリン入りの洗剤をやめようと決めていただいた。こんな琵琶湖ではいけないという思いが大なり小なり、県民みんなにあったからでしょう。

ただ、あまり仕事をしないで、前任者の後継などとしてスーッと選挙を通ってきた知事もいます。どうして知事になったかと問われれば、本音では「副知事をやっていたから」なんて知事もいるでしょう。意欲的に体を張って、県を経営しようという人ばかりじゃないですね。

市長や町長に比べると、知事は住民の目が届かないというか、距離が遠い。何もしなくても、新聞のニュースになるような悪いことさえしなければ、2期、3期くらいやれるんですよ。アホでもできるは言い過ぎだけど、仕事をしない人が何期も続けるなんてことは珍しくない。条例や法律の全部に精通する必要はない。県は官僚機構がしっかりしています。担ってくれる部長や課長がしっかりしていれば、知事は昼寝しててもやれるかもしれない。そうやって任期を終える知事もいるんじゃないかな。

私に言わせれば、仕事をしようと思えば、こんなに面白いポストはないですね。それくらい材料があって、能力も生かせる。だけど、部下に任せていれば、割と自分で何かしなくてもすむ。そう思いますね。

――テレビや小説のドラマでは、主人公に対抗する敵役がいるし、思わぬ問題が起こる。だから面白い。しかし、現実社会でドラマを実行しようとすれば、思わぬハレーションがあるだろうし、自分の目指す目標に届かないこともある。そうした面倒臭い事態に陥るより、国の政策を是として進めていけば、4年、8年くらい平穏に過ごせるわけですね。

どの人も知事になるときには、何か劇的な仕事をやりたい、つくりたいと思っているはずなんですよ。でも、ドラマチックな何かを思いつかなかったり、思いついても失敗する可能性があると逡巡したりしますからね。

――そういう力を携えている知事なのに、十分に仕事をしないのは、すごくもったいないように思えます。そういった知事は地位に就くことが目的だったから、やろうとしないのか。それとも、やりたくても国や議会などに手足を押さえられ萎縮しているのでしょうか。

手足が押さえられているからできない、ということはないと思うんだけどなあ。やる気さえあれば、これ程やりやすい条件を備えた政治ポストは他にないと思う。総理大臣よりもやりやすい。総理は議院内閣制ですから、やっぱり与党がどーんといますわな。与党を絶えず頭に置かなければならない。知事はストレートに県民から信任を受けていますから、県民との距離は意外と近い。ちょっとしたユニークな考えとか、手法を用いることは、そう決めさえすればやれる。しかし独裁者にもなりやすい。

議会に対しても知事は強いです。たとえ少数与党でも。少数与党の首長はたくさんいますし、それなりにやっている。私も経験した。議会が多数でも、本気で喧嘩したら知事には勝てない。

例えば、私が知事になって初めての予算案は県財政の立て直しを目指した超緊縮型でした。それに対して県議会は、知事の予算案を通さない、増額するぞと決めてきた。議会はそうすることができるんです。対抗するため私が見つけたのは、知事には執行しない権限があること。増額ならどんどんしてくれ、それを私は執行しない、歳入を理由にして執行しませんと、開き直った。

――知事にはそういう強みがあるわけですね。住民からみると、市長や町長に比べて知事は遠い存在、距離があると、私も思うし、武村さんもそう言われる。実際に県民に直結した政策を進めるとき、どのように知事から住民との距離を縮めるのでしょうか。

政策一つによって、県民が笑顔にも怒った顔にも見えるわけです。

例えばせっけん条例。県が条例を設けたわけですけど、その中身は一軒一軒の家庭の日々に直接ポーンと影響を与える政策です。明日からリンが入っている洗剤はダメ、というわけですから。そうしないと琵琶湖がリンから守れない。全家庭の台所に直結する話です。その瞬間、県政と県民の距離間がグーンと接近しましたね。

また、就任当時、琵琶湖の中に堂々とした堤防を築いて、そこに道路をつくる計画が進んでいました。琵琶湖の南湖東側の湖岸道路です。周辺の集落の希望だったんですよ。住宅の近くに道路ができるのはかなわん、田んぼがつぶされるのは困る、と。それを私は琵琶湖の環境の面からやめて湖岸につくることにした。猛反対に遭いました。毎晩毎晩、各集落に出ていって、説明に歩いて、最後は住民がわかってくれた。こうした政策の転換では、県民の怒った顔が見えるわけです。県の方針、政策によって、県民の喜怒哀楽がストレートに出てくることがある。

——武村さん自身が説得に回ったのですか。

住民みんなが私に反発して怒っていました。だから説得して回った。市長の時にも大なり小なりそうした経験がありました。直接民主主義で選ばれたという、ある種の自信もあったんじゃないかな。なんとか最後はわかってもらえるだろうと、そういう自信があったから、住民の元に行ったんだろうと思います。事実また一所懸命説明したら、だんだんとわかってきてくれた。
琵琶湖に対する県民の関心の高さもあったでしょうね。やっぱり赤潮の問題が先行して起こって、そのあとに湖岸道路が問題化した。琵琶湖に対する県民全体の関心が上がっていました。その盛り上がりの中で道路の問題を議論しましたから、やや私が有利だったように思います。住民側も、琵琶湖を大事にせなあかんという気持ちに負けたのでしょうね。

――ドラマチックな政治に戻ります。知事就任から、財政立て直し、土地転がし問題、赤潮発生と、次々にドラマが起こりました。ただ、これらはいわば、身に降りかかった火の粉を消すような、受動的な解決です。一方、草の根県政を標榜し、文化政策などを進めていかれたのは、武村さんご自身が描いた能動的なドラマと言えます。文化政策を打ち出した発想は何だったのでしょう。

言われるように、財政問題も赤潮もドラマチックな事件への対応でした。その後の草の根県政や文化政策、サービス産業の振興の方が、むしろ私らしい県政なんです。やっぱり滋賀県をより魅力のある県にしたいし、弱いところを補いたいし、特色は伸ばしたいし、そういう考え方で試行錯誤してきた。
知事になった当時の滋賀県は第2次産業が伸びて、農業県から工業県になったんですね。

県民1人あたりの工業生産力なんて全国1。小さな県としては工業力が急速に、分不相応に充実した。そして第1次産業の農業に携わる人はまだ多い。それが滋賀県の特色だったわけです。

しかし、世界の先進国や先進地域をみると、都市が発展するには3次産業が伸びることが必要なんですね。工業による発展は100年前の話。それで肝心のサービス産業に目を向けると、とらえどころがないくらい幅が広い。その中核にある文化というのはビジネスにはなりにくい、採算に乗せにくい分野なんですね。だとすると、これはもう公共の力、公共団体が中心となってリードしなくてはできない。

そして着手した第一歩が県立図書館だったわけです。市町村にも併せて図書館をつくってくれと補助金を出し、各市町にもできていった。続いて、県立美術館、埋蔵文化財センター、琵琶湖研究所。文化芸術会館をどんどんつくったり、県民ドームを計画したり、みんな県立。自ら率先垂範《すいはん》して、事業を起こしました。

サービス産業を広く捉えると教育施設も含まれる。大学も中核を成すものです。当時の滋賀県には大学が少なく、滋賀大と県立短大しかなかった。県民一人当たりの大学定数は全国で最下位か、2番目くらい。龍谷大から始まって、立命館大、長浜バイオ大などと誘致を進め、割合うまいこといきました。また民間企業の研究所の誘致も進めました。これはゼロから誘致したわけではないんですけど。

バーやスナックまでがサービスかどうかはともかく、ホテルは誘致しました。西武鉄道グループの堤義明さんに会って直談判した。それで大津、彦根にプリンスホテルができた。マキノにも小さいけどつくりましたしね（彦根とマキノのホテルは現在、別会社が経営して名称が変わっている）。ホテルができて、県の第3次産業もちょっと賑やかになった。ただ最近は、ホテルの宿泊客が伸び悩み、大学も都市の中心部に戻る傾向もある。少子化で学生の数も減っていますしね。

——最後のドラマが県庁移転の構想でした。

滋賀県を魅力的にしたいという考えに基づいて、一つ目玉としては県庁の移転が一番いいなあと。自分でドラマを描いたんですね。県政史上最大のテーマですから。3期目の途中でしたけど、可能性があるなら、もう1期、4期目をやってでも成功させたいと。建物ができるまでには10年もかかりますから、そんなに長くやる気はない、その道筋だけつけようと。そういう前向きのドラマを自分で仕掛けてやりたいと密かに、かなり本気で思っていた。県庁をちょっと郊外に移した県はありますが、違う自治体に持っていった例はない。それだけに魅力を感じた。でも見果てぬ夢で終わりました。

国にも当時、東京を変えようという遷都論があった。私は国会に行ってからも、村田敬次郎さんという人と組んで遷都論をガンガンやった。金丸信さんに会長になってもらって新首都推進懇談会という議員連盟をつくって、割合盛り上がりました。場所も、浜名湖とか仙台とか、特定の場所まで挙げて、かなりリアルな議論をしました。それはまあ、知事をやめてからですけど。

◉政治家・武村正義

――そもそものお話をお聞きします。なぜ政治家を目指したのでしょう。

遡ってみると、高校生の時代です。地元の八日市高校に入学した時、ちょうど朝鮮戦争が勃発しました。朝鮮戦争の3年間と私の高校時代がちょうどオーバーラップしていた。平和憲法ができて敗戦から出発した日本にきな臭い雰囲気が急に立ち込め、警察予備隊ができ、日本が右傾化していた時期でした。

教師や入っていた新聞部の仲間の影響もあって、戦争と平和とか、戦後日本のあり方とかに関心が向いた。興味を持つだけならいいんだけど、2年の時に全校生徒を集めた生徒会長の就任挨拶で、吉田内閣打倒、とやった。そういう過激な少年でした。新聞部の部長をしている時も、日の丸と君が代を批判する友人の書いた記事を載せようとして、謹慎処分になった。そういう反抗少年であり、よく言えば社会とか国とか世界とかに関心を持って行動する少年だった。そこが政治の道への原点でしょうね。

20代の後半に就職することになって、民間か公務員かで公務員を選んだ。民間企業もいくつか内定をもらっていました。新聞社も受けたけど、落ちたんじゃなかったかな。経済学部に入る前の話かもしれませんが。

大学の成績は8割以上は優で、まあ優等生の方。田舎をベースに仕事をする自治省に惹かれていました。大学の赤門の前にある古本屋をのぞいたら、「公務員試験合格の秘訣」という本があって手にとった。各省に入った人が「わが省はいいぞ」とPRする文書がたくさんあって、自治省のところでは、入って5年くらいで県の課長をバリバリやっている、とあった。これはいいなあと。入って5年で県の課長になれる。偉くなるというより責任ある仕事を任されるという魅力を、10円の本で感じました。

その後、埼玉県庁に課長で出向していた時、市長や町長、村長が毎日のように来て、自分のまちづくりのビジョンを語り、予算を要望をする。それを聞いていて、自治体の経営は面白くて魅力的な仕事やなあと感じた。そこで初めて、「自分も市長をやりたい」とストレートに思った。

市長となると当然、自分の生まれ故郷を思いつくんだけど、八日市市は70過ぎのおじいちゃんが市長をやっていた。兄貴のところに頻繁に帰って調べると、隣の集落のかなり強引な人だった。これなら対抗できるなあと。そこで、在所から隣、その隣と、後援会組織をつくっていきました。つくるたびにローカル新聞が報道してくれて、全戸配布してくれた。それを市長も読んでいたんでしょうね、なかなか大変だと出馬をやめて助役を立てて来たんです。

――その頃、「回り道せず国会を狙うべきだ」という周囲の助言があったそうですね。知事という選択は頭になかったのですか。

愛知県庁で3年間職員、埼玉県で課長を二つやって、県行政は経験したという気持ちがあったんじゃないかな。トップではありませんでしたがね。知事が目標だったら、どこかの県の副知事になって、うまくいったら知事というコースが多いから、その方が安全だし確実でした。

――目標でなかった知事に、労働団体、野党の共闘によって就くことになりました。立候補の決断から3カ月ですから急な就任です。政策を支えるブレーンのような存在はいなかったのですか。

私は割合好奇心が強い方なので、若い時から世界中いろんなところを走り回っていた。そうしてできあがった私の感覚で、試行錯誤しながら、だいたいことを判断していった。助言してくれる特定の人がいたわけではありません。

結局、私がたどり着いたのは、出身の自治省人事なんですよ。前任の野崎さんの時から、国から来ている部長、課長が3人、4人いた。彼らを替えて、新しい人をもらった。総務部長を出納帳にしたので、新しい総務部長をもらおうと自治省の官房長に相談した。とにかく財政が大赤字だから、予算を切って切りまくって、嫌われることを大胆にやってくれる、そういう人が欲しいと頼み込んだ。迎えた人は自治省では私より先輩。面識はありませんでした。彼は口も悪かったけど度胸があった。県議たちをどやしつけて、嫌われるなんてへっちゃら。彼からすると、2年間総務部長をやって、健全財政にして、さっと帰る、という思いだったんでしょう。大胆に予算を削りまくってくれた。そういう人を国から迎え入れたことはラッキーだったですね。

それから、前向きな政策では労働省職員だった上原恵美さん。労働基準局にいたのを発見して、一旦労働省に帰ったんだけど、労働大臣に「あの子、欲しい」と電話して、県庁職員で来てもらった。自治省以外を含めて入れ替えた人たちが、新しい武村県政の中枢で活躍してくれたことも大きかったですね。

県職員の異動もしました。みんな前知事の野崎派なんだけど、選挙で真剣に支えた人とクールに従っていた人がいるわけです。それでクールな職員を抜擢した。私の後に副知事から知事になった稲葉稔さんはクール派ですね。

――必要な人材は霞が関から引っ張ってこられたわけですね。

私は当時、県職員に対しては徹底して、「鈴鹿の向こうのことは考えるな」と言い続けていた。「鈴鹿の向こう」とは東京のこと。東京に向かってキョロキョロするな、と。滋賀県政は滋賀県を見て考えよう、滋賀県そのものが固有であるから、滋賀県政が存在するんだ、と言っていたんですよ。

ただ、国の省庁から出向で来ている人が7、8人はいた。この数はどの県と比べても普通なんです。彼らについては、中央の言いなりにならない人を頼んだり、自治省には官房長に名指ししたりした。また、専門分野ではその道のトップの人を招いた。最初が県立図書館。これまで県職員が館長になっていましたが、図書館の専門家を探せと職員に命じた。就任していただいた前川恒雄さんは日本でナンバーワンでした。

また、琵琶湖研究所をつくる時は、梅棹忠夫さんに相談した。梅棹さんは、八日市市長の時に市民大学で講演してもらい、初めて会いました。その後、懐石料理を一緒に食べながら、2時間くらい雑談した。それで私を知ってくれたし、私も梅棹さんに惚れたというか、考え方に魅力を感じた。そんな関係が続いていて、「誰か研究所長にいい人はいませんか」と尋ねた。その夜、電話をもらって、「吉良（竜夫）君がいい」と紹介してもらった。吉良さんは大津出身でしたしね。

――環境庁が初めて都道府県に職員を出した際も滋賀県が含まれていました。国からもらうだけでなく、逆に県職員を省庁に出向させることを始められた。

環境庁だけでなく、自治省や建設省（現・国土交通省）にも職員を出したんじゃないかな。省庁だけでなく、ニューヨークや国際機関にも送り込んだ。いい県政をつくるためには、いい人材が必要です。政策は徹底して滋賀県の内を向き、人材交流は内外を問わず大胆にやる。そういう格好でした。

――「首長10年論」の信条に沿って、3期で知事を辞める決断をされました。10年を区切りとするなら、2期8年の時に辞める気持ちは起きなかったのでしょうか。

それは全然なかったですね。私は、記者会見や公式の場で、3期以上はやらないとか、

2期か3期で辞めるとか、一切発言していないと思います。でも、自治省の官僚時代から首長10年論が頭にありました。長期政権は腐敗するからよくない。アメリカの大統領が8年であるように、10年くらいがいいんだと。でも、自分が2期、3期で辞めるなどと任期中に発言したことはなかった。非常に慎重で、口に出さなかったという記憶だけがある。4期も5期もやる気持ちはまったくありませんでしたが。

県庁の移転をやれるならもう1期と思っていましたが、それが極めて難しいと諦めて、予定通りというか、3期で終わりと決めていました。ただ、あまり漏れると、後任は誰になるとか、辞めた後どうするのか、という話になりますから、言わないようにしていましたね。でも、顔色でわかる人にはわかる。

辞めるにあたって、まずは後の知事をどうするか。辞める人に責任も権限もないし、あれこれ言うのは僭越なんだけど、「後をどうするんや」と問われて「知らん」では、「そんな無責任な」となる。で、稲葉稔さんという地味だけど堅実な副知事がいた。八日市高校の先輩なんですよ。県議会の一部からも、次は稲葉さんやなあ、という声も出始めて、自然に落ち着きました。稲葉さんは人望があり敵がいなかった。県議会や市町村長に受け入れられる求心力があった。極めて順調に稲葉県政が誕生したのは、彼の醸し出している人柄ゆえでしょうね。

それで私は結果的に国政に行くわけです。ただ、八日市市長のときは国会議員になる野心があると明言していましたが、知事になってからいろいろな政治家と関わって来て、国会に魅力を感じなくなっていました。知事の方がはるかに魅力的だった。私の人生全体の結論もそう。

田舎育ちの私の人生観というか、地方に魅力を感じるんですね。官僚になるときに自治省を選んだのも、地方が舞台の役所だから。東京では自治省なんて小さな役所で、県庁に出ていくのがメインの活躍なんです。それが魅力で自治省に入りましたから。それで八日市市長、知事。地方で責任を持って仕事をし、地方自治で生きて来た人間です。

40歳で知事になり、51歳までやって、一番やりたいことを全部やらせてもらったという思いがあった。やりたいことが全部できたという意味ではなくて、関われたということ。できなかったこともあるが、思い通りに11年半やらせてもらった充実感、満足感はあった。国会にあまり魅力を感じていなかったものだから、なかなかすぐに国会とは決められなかった。

――国会議員以外の選択肢があったのですか

以前から宗教に興味がありましてね。両親が早くに亡くなって、お坊さんがしょっちゅう家に来ていましたから、死とかお経とか体験してきて、子どもの頃から宗教に関心が向いた。3期目の終わり頃はずっと、坊さんになろうと思っていたんです。政治は知事で全うしたという思いがあって、ちょっとまだ若いけど坊さんになろうかなと。

それであれこれ調べてみたんだけど、知事を辞めた翌日から坊さんにはなれないんですね。宗派によって違うんだけど資格があって、一旦専門の学校に入ってとか、特別な研修を受けてとかしないとなれない。坊さんになるか、国会に出るかで悩んでいたんですが、世間は坊さんになる話をあんまりまともに受け取らず、冗談のように聞いていた。マスコミを含めて、国会に出るだろうと思われていた。結果的にはそういう平凡な道を選ぶことになるんだけど。

国会に行くと決める以前から、政党から働きかけがありました。実は民社党がかなり早くから接触してきて、県選出の西田八郎さんから自身が辞める時期だったので、ぜひやってほしいと、何回も頼まれました。東京から佐々木良作さんや大内啓伍さん、同盟の会長もわざわざ来たりして、熱心に誘われました。民社党の考え方は好きなので私も迷いましたけど、野党だったのが問題でした。今まで市長や知事をやって来て、責任を預かり権限を持って仕事をした思いがあり、野党にいては社会に貢献できないなと。自民党は金権体質とかいろいろ問題があって、あまり好きではなかったけど、仕事をするなら与党の自民党しかない。ドライに割り切った。

――自民の各派閥からも誘われたのですね。

そう。当時は派閥全盛時代ですから、1人でも国会議員を増やしたいと、どの派閥も思っていた。どの派閥も人物云々ではなく、数としてほしいわけです。竹下登さんも、渡辺美智雄さんも、安倍晋太郎さんも、知事の在任中に一通り会いました。最初は宮沢喜一さん。弟の弘さんが自治省の官房長で、関係があった。おそらく民社党と同じ時期だったと思うなあ。

そのうち、県議会議員のなかに、頼んだわけではないんだけど私を推す10人くらいのグループができた。その連中が森喜朗さんに会って、ご馳走になって、私抜きで勝手に福田（安倍）派入りを決めてきた（笑）。当選して1年生でもフリーハンドで動けそうな派閥だなと、自由な雰囲気で選びました。

――1986年7月、武村さんは衆院選滋賀全県区（定数5）で12万5220票を得て、現職の山下元利さん、宇野宗佑さんらを抑えてトップ当選しました。国会議員になって知事の経験は役立ちましたか。

知事をやった経験、それが私そのもの。プライドの根源でもありました。

ところが自民党は、その経験を無視する。評価しないんです。知事をやっていたと、ちやほやされるのを期待していたわけではないんだけど、まったく評価しない。当選回数主義が綿々とのさばっていた。当選するまでのキャリアはまったくのゼロ。知事に限らず、財界で活躍していようと、官僚で事務次官までなっていようと関係ない。1年生は1年生という扱い。知事をやって来たことにそれなりのプライドは持っていましたから、まったくそれを評価しない政界を異様に感じましたね。

みんな、武村は知事をやっていた男だと知っているんですよ。そう認識しているんだけど、表では評価しない。実質は一目も二目も置いてくれているんです。予算委員会で私が質問すると、竹下登総理と橋本龍太郎さんがすごい新人が出て来たとヒソヒソ話をしていた、という話が伝わってきた。それはそれで嬉しいんだけど、派閥のポストなどでは全然評価されない。1年生扱い。なぜかと言うと、私を評価し、期待もしているんだけど、派閥内に1年生議員が十数人いますから、公平に、画一的に扱わないと他の1年生がやっかむわけ。同じ扱いをしておかないと派閥が持たないわけです。そういう極端な形式主義がはびこっていた。

私が自民党を出て、新しい政党のさきがけをつくることになったのは、自民党の中にいたんでは仕事ができない、という意識も働いた。当選2回の時、宮沢首相が安倍晋太郎さんに電話してきて、私を大臣にと言ってくれたらしいんですよ。安倍さんは「いやあ、武村君は当選2回だからなあ、まだ早い」と判断された。だけどまあ、時の総理が言って来たんだからと、あくる日幹部を集めた。小泉純一郎とか石原慎太郎とか亀井静香とか。こういう話がきた、どうしようかと聞くと、みんなとんでもない当選2回やないかと。一蹴されて、潰されてしまった（笑）。それほど形式主義がはびこっていた。そういう秩序の世界だから、反発して飛び出そうという動機の一つにはなりますね。もちろん、政治改革が最大の理由ですけど。

◉政治とカネ

——就任直後から県財政の立て直しに取り組むわけですが、早くも3年目の予算編成では財政危機から脱しています。片山善博さんが鳥取県知事だった頃、やはり財政難に陥っていた鳥取県をどうして再建できたのか、質問したことがある。すると片山さんは首をすくめて、「こうやって2年間頭を低くしていれば、財政は好転します」。同じ自治省の出身の武村さんも、同様な考えだったのですか。

意外と短期間で方向転換ができました。これはやってみて、体験として知った。県財政の方向を変えるというよりも、財政を悪くしているものを摘出するんですね。切開手術してがん細胞を全部取ってしまうように。そういう大胆な改革をやって、赤字化する要素を取ってしまうと、自然と黒字化の要素がわーっと浮上して財政全体が明るくなった。

悪化の要素として人件費が典型的でした。予算の上で相当のウエイトを占めていますから。特に滋賀県は全国トップクラスのラスパイレス指数で、小さな田舎の県なのに、めちゃめちゃ給料が高かった。調べてみたら、前の知事がいろんなサービスをしていたんですね。昇級の周期を短くしてみたり、プラスアルファの手当をつけてみたり。組合との交渉でいろんな条件をのんでしまっていた。そういった矛盾をさらけ出して、バサバサバサっと全部取っ払った。これはまさに切開手術みたいなもの。取っ払ったら急に、明くる年から明るくなった。

ただ、人件費は最後の大どころ。まず、そのほかのテーマに手をつけた。県単独の公共事業は半分以上も削り、国補助の公共事業まで返上した。建設省や農林省には公共事業を削る県は初めてだ、もう予算をつけないぞ、と叱られましたけどね。県の各種団体、つまり業界団体や福祉の団体、老人何とか会とかに出していた補助金も、全部バサーっと削った。たいした額ではないんだけど、大変なことが起きていると県民に肌で感じてもらうことが大事でした。

そして、本丸である人件費に手を付けた。実質2号俸くらいダウンさせた。県職員と先生、警察官を含めると、2号俸ダウンは一般財源で何十億円という財源が浮くんですよ。ものすごいことです。それが1年だけでなく、ずっと続くことになる。

組合もある程度の覚悟があったらしいです。公共事業や補助金をあんなに削っているんだから、人件費も相当減らされるのはしょうがないと。交渉がまとまった時、組合側は私を拍手で送り出してくれた。給与を下げる交渉をして拍手してもらえたのは嬉しかったね。

——職員側にも、逃げ場がないという思いがあったのでしょう。

私は体張ってたからね。こんな財政を続けていたら滋賀県がつぶれる、という認識を就任直後に持った。だからもう、自分の人気が落ちようが、知事を1年や半年で辞めようがいいと。滋賀県のための使命感というか、財政の健全化をとにかくしなきゃダメだという気持ちを持って、強い姿勢で遮二無二やって譲らなかった。組合、各団体など、みんな敵に回して、増やした張本人の自民党はもちろんカンカンに怒っていた。まあ、一気呵成にやると意外とできるもんですね。一気呵成だったから良かった。

——前知事時代が発端の土地転がし事件にも直面しました。「政治とカネ」の問題について、武村さんはどういう姿勢だったのでしょう。

まあ、私自身、カネの失敗はなかったなあ。賄賂っていうのは、一度受け取ったら、2回、3回、10回と、どんどん広がっていく。だから最初が肝心です。本能的にそう思っていたのか、誰かにそう言われたのか。

知事になって間もなく、ある土建業者が知事室にものを頼みに来て、封筒に10万円入れて、「これ使ってください」と置いていった。「何するんだ、そんなことすな」って、突き返して持ち帰らせた。この最初の10万円を拒否したのがよかった。業者同士はすぐ情報交換しますからね。もし受け取っていたら、知事が受け取ったぞと、次の日からもどんどん持ってきたでしょうね。そういう雰囲気を私が出していたら、あっという間でしょう。10万が20万になり、50万、100万になり、1千万円になっていたんじゃないか。でも、一度断ると、今度の知事はカネには厳しいという噂がサッと流れる。

1回受け取ったら、そんな心地いいものないでしょう、金が手に入ってくるんだから。多くの政治家の汚職は、何らかの形で金を手にして、だんだん回数が増え、金額が上がっていって、ロッキード事件のようになっていったんでしょうね。

汚職、賄賂っていうのは、人間である限り、なかなか避けることは難しい。誰でも金は必要だし、問題がない金が入れば嬉しいから。つい、小さな金額を受け取ってしまう。それに味を占めて、だんだんだんだん数が増え、額が増える。渡す側は、相手がどんな人物でも上手にやれば落とせないことはない。私であっても、あなたであっても。ものすごく巧妙な手段を取られたら、手を出していたかもしれない。親戚や友人を使うとか、関係団体に金を流すとか、迂回してやられたら、つい手を出してしまう。後でわかっても、もう遅い。人間である限り、落とそうと思ったら落とせないことはない。どこかに引っかけるところがあって、落とされてしまう。だからこそ頭から警戒しないといけない。

私は最初の10万円を突っ返したからよかった。12年間、知事の時は一銭も受け取らなかった。カネにクリーンという意味では、知事の時は１００点満点でした。

――知事３年目の１９７６年10月、資産公開をされました。自治体の首長が公開するのは全国初で、奥様の所得も併せて公開されました。

ああ、やりました。動機はなんだったのかな。誰か逮捕された知事がいたからか、いや滋賀県に何か事件があったかな。忘れたなあ。

――この年、岐阜や福島の知事が収賄で起訴されるなど全国の自治体で汚職の発覚が相次ぎました。また、武村さんの収賄を匂わせる怪文書が流布されたのが、資産公開の動機だったようです。

　とにかく、資産公開は身の潔白を証明することなんです。知事はひときわ強い権力を預かっています。公共事業の執行を含めてさまざまな契約に関わっていて、利権の対象になる仕事が毎日のように山ほどある。許認可も税金の徴収も公共事業も。あらゆるテーマが県民の利害に関わることであり、利権です。だから、その気になれば、いくらでも金が集まってくる。ちょっと気を緩めたら、利権の巣窟になりかねない。そういう怖いポストでもあるんですね。

　知事になった直後に業者が10万円持って来たのも、指名入札か何かの工事に入れてほしいと頼みに来たんだと思う。そんなのを聞いていたらキリがない。でも、今後の知事はそういうことを聞く知事かどうか、業界の皆さんは見極めようとしているんですね。ニコニコして金を受け取り出したら、あっという間にカネまみれの知事になってしまう。知事とか市長というのは、そういう恐れのあるポストなんです。

　カネに関しては私は潔癖だった。財政赤字とか土地転がしとか、そういったことから知事の仕事が始まったから、余計にそうだったのかもしれません。

　資産の公開はアメリカの事例を参考にしました。アメリカは、地方を含めて政治家の資産をオープンにするシステムが、割合早くからできあがっていた。要するに、毎年1回公開していて、ある人物が政治家になって3年経ち、5年経って、その財産の増減を有権者がチェックできる仕組みです。説明ができないような財産の増え方だと、有権者に不信を抱かれる。結果として、政治家のカネの体質を有権者がチェックできる。そういうシステムが頭にあって、日本でもそういう資産公開の制度をつくってみたいと思っていた。とりあえず、滋賀県知事として率先しようと。前の知事がカネとの関わりを指摘されていましたからね。自分自身の指針として、資産を公開して、知事の間はそういう金に手をつけないことと証明したいと思ったんですね。

——市長時代に金を持って来た業者はいなかったのですか。

市長の時は1回もなかったなあ。だいたい、市長室とか知事室にお金を持ってくるというのは、経験の未熟な業者やろうね。こっそり家に持ってくるとかね(笑)。国会に行ってからは金がいるし、政治献金をもらわないともたない。くれと言って歩いたことはないけど、持ってきたものは変な金でなければ、受け取っていました。

最初の衆院選のとき、自民党に公認申請をしたんだけど蹴飛ばされて、公示の時は無所属で、投票直前に公認された。当選して、幹事長室に来いっていうから東京に行きました。確か竹下登さんが幹事長だったと思うが、遅まきながら公認料の3千万円を渡されました。そんな大金を手にしたのは初めて。紙袋に入っていたんだけど、幹事長室を出るとたくさんの職員が廊下を歩いている。見られたらどうしようと、着ている服のポケットというポケットに札束を突っ込んだんだけど、半分も入らないですね（笑）。あとは紙袋に入ったまま。今思うと、そもそも隠さなあかんと思うのがおかしい。堂々と持って帰ればよかった。

金丸信さんから、もらったこともあった。北朝鮮への訪問団で私が事務局長だったから、帰国して金丸さんのところへ挨拶に行き、帰ろうとしたら、ぶっきらぼうにあごでドアの方を指す。見たら紙袋が置いてある。持って帰れって言葉は発しないんです。その頃は私も慣れていたからピンときて、ありがとうございますと持って帰った。1千万円入ってました。

派閥の中にもグループがあって、囲い込もうとするんです。派閥内の派閥ですね。塩川正十郎さんや三塚博さんが50万、30万円とくれました。バブルの頂点だったから、政治家にとって一番金が集まりやすい環境だった。普通の国会議員でもパーティーをやったら、使いきれないくらい金が集まる。1期先輩の亀井静香さんも30万円くらいくれるんです。金権自民党のど真ん中にいた感じでしたね。

ただ、肝心の派閥のトップだった安倍晋太郎さんからは、もらった覚えがない。やっぱり金に限りはあるし、考えているんでしょう。私が知事をやっていたから、金があると思われていたのかなあ。知事の間は土建業者から金を受け取らなかったけど、国会議員になってからは、100万円以内の献金なら受け取ると自分で決めました。

——国会議員はそんなにカネがかかる。

金を配るような不正をしなくても、選挙は準備段階から金がかかります。選挙がなくても、毎年1億円以上は必要です。東京に5、6人、地元の八日市に7、8人のスタッフを置いていましたから、その人件費だけで数千万円。そのほかに事務所費、電話代。広報チラシを10万部刷って新聞に織り込むと何百万円。そういう単位でポーンポーンと金がいるものだから、飲み食いしなくても簡単に1億くらいかかってしまう。その点、知事には秘書をしてくれる職員がいて、公舎も公用車もある。恵まれています。

——武村さんは財政規律に重きを置いた立場を取られています。大蔵大臣を辞められた直後の1996年、財政赤字が膨らみ続ける国の財政状況を「容易ならざる事態」とし、早期の健全化を主張する論文を発表しました。消費税についても、税の直間比率の観点などから、上げざるを得ないと主張されてきました。そう考えるようになったのは、知事の頃の経験が影響しているのでしょうか。

私は元々、財政主義者でなかったんだけど、財政規律の大切さを実感したのは、やはり知事になった時ですね。就任直後にひどいカラ予算を組んだこともあって、そうした生々しい現実を、県政を担った初っ端でぶつかり、財政そのものをしみじみと考えさせられた。まあ、根本的には経済感覚は割合ある方かなあ。鋭いとも言えませんが。近江商人を輩出した滋賀県東部で生まれ育ったから、何となく金銭感覚に長けた雰囲気っていうのは体に染み付いていた。いい言葉で言えば経済感覚に敏感な人種が多い地域と言えると思います。滋賀県人が損得勘定に鋭いというのは、私だけじゃなくあの辺りの人間としてあるんですね。

そういう私の性格が、知事になった時に火がついて、県財政の再建に真正面から、かなり荒々しく、体当たりで取り組んだ。そうした財政に厳しいバランス感覚は11年半、知事の間は保っていました。

国会に行っても、私が取り組んだ政治改革のメインテーマではなかったんですけど、財政の問題は絶えず頭にありました。政治改革にかまけながら、一方で日本の財政赤字が急速に増え始めた頃ですから。財政赤字を憂える会という議員連盟をつくるなど、いろいろしてきましたね。

——2019年10月に消費税率は10パーセントになりました。景気の指標はいろいろあるものの、決して好調とは言い難いこの時期に税率を上げる判断には、批判の声も少なくありません。財政再建のために消費税を上げるという理屈はわかるが、それならもっと税制全体の議論が必要ではないでしょうか。

消費税率を上げるのは遅いくらいで当然の政策だと思いますね。安倍（晋三首相）さんは2回も先送りして、これ以上先送りできないから、やっとこさ3回目に上げた。しかし、上げ方が非常にネガティブですね。財政再建をまっすぐに見ていない政治家です。できたらもっと先送りしたいんでしょう。やっと上げることを決めたと思ったら、軽減税率はやる、ポイント還元はやる。せっかく税率を上げて生み出される財源を、財政再建に回さないでバラマキに使ってしまう。結局、消費税率の引き上げ分を、国民の人気取りばかりに費やしてしまっている。社会保障や財政再建というテーマに不真面目です。国民はバラマキを喜んでいないんだけどね。

消費税アップをもっとまっすぐに、「この国の財政はこんなにひどい状況です、上げさせてください」と国民にアピールしてほしい。そう考えれば、あんなポイント還元とか軽減税率とかは、しなかったはずです。増税分をどんどんばらまいては、赤字は増える一方です。

——野党からは、法人税とのアンバランスを指摘する声も上がっています。

法人税はそろそろ上げてもいいと思います。ただ、法人税を上げれば消費税は上げなくていい、という主張は、数字の上でバランスが取れているように見えるけど、それをもって財政再建ができるって話じゃないですね。法人税を上げる、累進課税を見直すと主張するのはいいけど、あげた分を財政再建に回すとか、福祉面に回すとかではないから。福祉は福祉で財政的にヒーヒー言っていて、税制と連動して年金も考えないといけない。自民党の政治っていうのは、あまり財政に正直じゃないですね。

実のところ、自民党政権が消費税率を上げる判断をしたのは今回が初めてじゃないかな。消費税ができたのは竹下政権だけど、最初の3%から5%に上げることを決めたのは村山政権でした。そして5%から8%、10%と2段階で上げると決めたのは民主党の野田内閣。安倍さんは民主党内閣が決めた8%を実施した後、10%へのアップは2回も再送りをした。それをやっと、渋々やったわけです。消費税を前向きに上げるという法案を通したことが、自民党政権にはない。それほど自民党政治はポピュリズムな政治、政権と言えるのではないでしょうか。

村山内閣と民主党政権が消費税率の引き上げを決めているのは、面白いことですね。国民に目を向けているとされる政党の方が、このままの財政では国が成り立たない、消費税を上げざるを得ない、と国民には不人気な政策の判断をしているわけですから。

◉草の根と環境

――武村さんが私らしい政策と言われた一つに「草の根県政」があります。草の根政治や草の根自治という言葉は、今ではよく耳にしますが、調べてみると当時はあまり一般的ではなかったようです。

「グラスルーツ・デモクラシー」はアメリカで生まれた思想ですが、日本でポピュラーでなかったのは確かです。ただ、自治省の地方自治の専門家の間ではかなり身近な言葉で、同僚はみんな知っていました。地方自治の原点を表現していますから。私は自治省に入ってから知ったのかもしれません。

日本語に直訳すると「草の根」。語源が英語であろうとなかろうと、草の根という言葉はポピュラーです。一般受けするかもしれないと私が判断して、身近な政治のことを草の根政治と言おうと、独自にそう表現をしようと考えついた。「県民本位の県政」といった平凡な表現はいろいろありますけど、私独自の言葉を持ちたいという気持ちもありましたから。

意外にすっと県民に広がっていった感じがします。今でも、当時につくった草の根ハウスの表札が掛かっている集会所があるくらいだから、受け入れやすい言葉だったのでしょう。

――武村さんは著書で、「自治体経営をしていく上で、基礎自治体でも大きすぎる」と主張されています。そのベースは小学校区、自治区だと。いわゆる草の根ハウスに集まる自治会の規模を地方自治のベースと捉えている。住民が住民たちで進める政治、自治。トップダウンでなくボトムアップ。お上にお願いするのでなく、自分たちで進めようという自治です。その発想はどこから生まれたのでしょう。

それはですね、私が蒲生郡玉緒村柴原南という集落で生まれ育って、18歳まで暮らしていた。そこが原点なんです。琵琶湖の東にある、ごく平凡な60戸くらいの集落なんですけど、その集落のまつりごとや会合、川や道路の清掃とか、身近な冠婚葬祭とか、それらが在所と一体に存在していました。総会にも出たり役員会にも出たりしていて、その体験そのものが、知事になったときにいろんな発想としてバーっと出て花開いた。思いついてとか、誰かに聞いてとかでなくて、18年間生きてきた体験がさまざまな発想を生み出した。

集落は極めて民主的なんですよ。住民集会で議論して決めるという、そういうしきたりになっていますから。惣と呼ばれていた中世、鎌倉時代からの自治の伝統がありますし、政治はこれを大切にしなきゃダメだと思いましたね。中世から古代まで遡る日本の自治のシステムの根幹は集落にある。県政はもっと広いんだけど、やっぱり基本、根幹は集落だと。市町村を飛び越えて、はるかに小さな集団が物事の基本であり、そこを大事に尊ぼうと思っていた。

草の根県政とは、集落自治を大事にする県政という意味でした。今も滋賀県には3千くらい集落があり、大津市などの街にも町内会がある。結構根強い基盤なんです。集落自治が本来、日本の伝統的な政治の原点で、それが現在も脈々と生きている。

一番わかりやすい政策が草の根ハウスの建設。いわゆる自治会館、町内会館です。そこに行政は焦点を当てていなかった。誰も目を向ける動きがなかった。そこに市町村でなく県がいきなり乗り込んでいった。当時自治会の半分くらいは会館のようなものを持っていたが、残り半分は個人の家などを使っていた。そういう自治会は、補助金制度をつくれば喜んで自分たちも負担して集まる場所をつくるんじゃないかと思った。

制度を始めると、バーっと手が上がって、1年で100くらいできました。好評でしたね。補助が8割、9割ならともかく、3分の1だけ。残りは住民みんなが割り勘で、1戸あたり2万、3万円も負担してつくった。集落自治が滋賀県では綿々と息づいていた証拠であり、地方自治の健全さを実感させられました。

——国会議員を辞められた後、大津市で町内会長を2度やっていますね。

市の広報を町内に配って歩きましたよ(笑)。大津市は農村集落とは違いますが、基本は一緒ですね。住民参加で物事を決めていく、というしきたりだし。夏祭りには、みんなでやぐらを組んで盆踊りをするし、横にみかん箱を並べてカラオケの舞台をつくることもある。年の暮れには餅つきもやるし、忘年会も正月の新年会もやる。餅つきひとつをとっても、コメをどれだけ買うか、どの家で炊くか、どこの家の杵を出してくるか、あんこの小豆はどれくらいかなど、簡単なことのようだけど、結構大勢が参加しないとできない。運動会も、うちの町内は熱心だから、毎年仮装行列の部で優勝しています。NHKの朝ドラのキャラクターをつくってね。竹を組んで紙を張って色を塗って、2週間くらいかかる。毎晩在所の人が出てきて、作業をするわけです。

——住民との対話集会である「こんにちは知事です」も約100回開かれています。

「こんにちは知事です」は対話の基本として、自治会単位で開きました。そういう意味では草の根ハウスと連動しています。例外的に、市町村に言われて学区でやったところもあったけど、県の方針としては集落単位でした。集落が近いから集まりやすい、というのを私はよくわかっていた。学区でやると住民の参加者は1割とかそれ以下でしたが、集落でやると7、8割が出席する。どの地区でも来ましたね、知事が行けば。ものすごく出席率がいい。なんでも集落で集まっている実態、体質を、私はそこそこ知っていました。

――7、8割の出席はすごい。民主主義に関わる機会を住民側が持てるわけですね。

そうです。憲法ができる遥か以前から古代にまで遡って、連綿とした自治が健全に根づいている。大体は役員会で物事を決めるんだけど、大きなことは総会にかける。大方の人が出席して決める。私は総会にも何回か出たことがあって、集落が自治の現場だと体験していました。ああこれが理屈抜きで自治の根源的なものだ、ここを大事にせねばいかんとね。

――最近は自治会の加入率が下がっています。自治会は市や町の下請け機関にすぎないという批判も聞かれます。

町と農村とはガラッと違います。私は農村の集落の自治が頭にあった。開発されてできたニュータウンは、一番自治意識が希薄ですね。住民の加入率は低いし、自治の捉え方が違う気がします。

――もう一つの武村県政の中心テーマが環境です。環境を大事にする考えはどうして生まれたのでしょう。

その答えも、さっきの草の根県政の質問と同じです。蒲生郡玉緒村柴原南の農村で育ったのが、環境の考え方の原点なんです。生まれ育った在所は琵琶湖から離れていて、子どもの頃に行ったこともなかった。初めて琵琶湖を見たのは中学の遠足でした。

――えっ、中学まで琵琶湖を見たことがなかったのですか。

なかったですね。琵琶湖は遠いですから。歩いたら2、3時間かかった。在所は山村、農村で、小川は大小たくさん流れていてメダカやフナもいるし、山には鳥もウサギもいる。平凡な自然のど真ん中で育ってきて、川っていうのはきれいで魚がたくさんいるものだと思っていたし、山にはいろんな花が咲くものだと思っていた。自然に対して素直に接していた。

それが知事になった頃になると、川は汚れ、琵琶湖には赤潮まで出る。山はあちこち削られ、全国では海をどんどん埋めている。そうした自然破壊が荒々しく進んでいました。私の育った故郷の、童謡に出てくるような自然環境が壊されているという印象が、本能的にありました。環境主義という言葉を使ったんだけど、中身はそんなに難しいことじゃない。生まれ育った風景が私の環境の原点ですね。

――知事に就任した当時、公害は大きな問題でしたが、環境保全の思想は一般的でなかったと思います。

私に知恵を与えたのは官僚時代にドイツへ留学した経験かもしれません。ドイツの田園都市のまちづくりを見てきましてね、ドイツ語で「ラウム（Raum）」、スペースや空間という意味ですが、空間秩序（Raumordnung）という個性的な表現なんです。宇宙全体を捉えるような抽象的な表現が法律のタイトルに出てくるんですね。そういう経験がプラスになり、知見が加わって、環境の考え方が生まれた。それが全国初の県風景条例にも生かされた。

――赤潮の発生をきっかけに、せっけん条例と呼ばれた琵琶湖富栄養化防止条例をつくり、リンの排出を規制しました。一方で、全国的にみて最も遅れていた下水道事業では、全国に先駆けて農村集落排水を導入されました。

農村下水道は、私が思い切って始めた。そのきっかけは、琵琶湖沿いにある陸の孤島のような岬の集落から、排水が直接、琵琶湖に流れているのを見たんです。琵琶湖を汚しているのが目で見えるわけです。山村では、川に直接流していた。これはどうにかしないといけない。

地理的な問題があり、建設省が進める大規模な流域下水道を敷くのは難しい。そこで集落単位に処理できるようにしなければと思った。これも留学したドイツでそういう仕組みを見たんじゃないかなあ。それが頭にちらついて、ここにつくろうと。それで農水省に通い始めた。

農水省もちょうど農業構造改善事業が山を越えて、仕事がなくなっていた頃で、飛びついたんですよ。農村集落排水という制度にして、滋賀県がモデルになり、全国に広がっていった。私が農林省に乗り込んでいったら、省幹部が30人くらい集まって、私の話を聞いていた。構造改善の部署をあげて関心を持ってくれた。

――一方で、草津市に琵琶湖を埋め立てた人工島をつくり、先進的な下水道処理の施設を設けました。

都市型の大規模下水道ですね。ここでは、それまで有機物質をバクテリアなどで分解していた処理をさらに一歩進め、窒素やリンという特定の有害物質を取り除く高度処理と言われる対策を講じた。草津市の人工島に置いた施設は、全国初の高度処理の下水道でした。完璧ではないけど、大方の、特にリンを削減する装置を通って、処理された水を瀬田川に流していく仕組みです。

――環境面でやり残したり、失敗したりした政策がありますか。

あります。ダムですね。私が県政を担当していて、一つ反省することを挙げればダム。任期中、大戸川《だいど》とか高時川とかダム計画はいろいろあって、無関心だったわけではなかったんだけど、議論のテーマにしなかった。

ダムは自然の大破壊です。人工的に川の流れをどーんと止める。一番典型的な自然破壊で、大変なこと。私はダムに関して利害も何もないんだけど、問題点に気がつかず見過ごしていた。全然問題にしなかった。ダムについては全然疑問を感じなかったのは大きな反省点です。

――嘉田由紀子・前知事が県内にあった複数のダム計画を中止し、大戸川ダムも下流域の知事と協力して必要性の低さを指摘して、国は計画を凍結しました。しかし、嘉田さんや武村さんが応援して当選した三日月大造知事は、推進の姿勢に転じました。

大戸川ダムは私の時に始まり、何にも考えずに進めていた。水没予定地の住民を移転させる話も私の時に始まった。せっかく嘉田さんがやめたのに、三日月君は大戸川ダムをやると言う。逆転のドラマに何があるのでしょう。

◉知事ができること、できないこと

――知事の経歴について、2020年当初と、武村さんが知事を務めていた40年前の1980年について調べてみました。中央省庁出身で国会議員を経ずに当選したのは、2020年が23人、1980年が20人と大きな差はありません。しかし、武村さんが「知事への近道」と言われた、官僚が府県の職員になって副知事などの幹部に上り知事に就いたのは1980年が16人。

それが2020年は10人に減り、パターンが崩れつつある。また、自治体職員や地方首長、議員から就いた知事は、1980年が11人だったのに対し、2020年は6人に減りました。国会議員から知事になったのは、両年とも12人ずつ。その他の出身は、両年とも学者や財界、マスコミ出身の人たちでした。

日本は中央集権国家であったし、戦後も官選知事から始まっていますから、地方はやっぱり国の下部機構という印象が強かった。下にある地方の人がトップの知事になるのはおかしいという、そういう見方が長年あったと思いますね。

それが溶け始めて、知事から国政に、国政から知事に、という人がじゃんじゃん出て来るし、国政を知事が批判し、影響を与える人が増えてきた。知事や市長の経験者がいきなり大臣、総理大臣になるとか、逆に総理大臣をやった人が市長になるとか、そういうことがあってもいいと、私は思います。トップの責任を背負う人が出てきてもおかしくない。

――ただ、国会議員から知事、知事から国会議員という転身は、国政と地方政治の線引きがあいまいに思えます。有権者からみると、政治家として国を動かしたいのか、地方自治をしたいのか、スタンスがわかりづらい。

そんな人ばかりではないと思いますが、ちょっと悪口を言うと、何もやりたいことがないんじゃないか。名誉ある知事にとどまり続けたい、先生と呼ばれる身分であり続けたい、という意識はあって、国会議員でも知事でも、それはどっちでもいい。知事になってこういう仕事をしようとか、国会で何かをしたいとか、具体的な目的意識がない。知事になる、国会議員になる、バッジをつける、が目的で、何をするかは二の次、三の次という感じの人が時々います。

私が知事になった時にひどい県財政に直面して、財政だけ改革できたら半年で辞めてもええと本当に思った。それはある種の使命感です。多くの知事に、そういう気持ちがあるのかどうか。

――知事から総理大臣になったり、逆に総理大臣の経験者が市長になったり、というケースがあってもいいと言われました。国と地方の線引きを消し、上下関係をなくす考え方だと思います。熊本県知事だった細川護熙さんは総理になりましたが、ストレートに知事から総理になったわけではありません。アメリカでは、カーター、ブッシュらが州知事から大統領に就いています。武村さんの考えが日本で実現するには何が必要でしょう。

アメリカは大統領制、日本は議院内閣制ですから、国の政治の骨格が違う。アメリカのように知事がストレートに大統領になるというのは、なかなかありえない。知事が国会議員になって、国会で一定のポジションに就いてと、ワンクッションを置かなければ総理大臣にはなれない。アメリカの大統領は全国民の投票で決まるから、知事がストレートで就任することも可能です。日本の総理は国民投票でなく、国会議員が決める。

逆に総理や大臣をやった人が市長や知事にはなれる。大臣経験者の知事はいますね。

——現職では小池百合子さん、山本一太さんがそうですね。知事から総理大臣を実現するために政治の骨格を変えた方がいい、と考えているのでしょうか。

日本も実は、地方自治は大統領制なんですね。知事や市長は有権者が直接で選ぶ。国会は議院内閣制です。私は両方を経験しているわけですが、長短ありますね。明快にどっちがいいと言えません。大統領は、一人の人間が最高の権限を預かって政治を司る。一方、日本では衆参合わせて700人以上も国会議員がいる。その中の1人になるには、選挙で選ばれなければならない。総理になるには、その議員の過半数に推されなければならず、さらに飛躍が必要なわけです。そのためには仲間を引き連れる、徒党を組む。つまり、大きな政党の党首にならないと総理にはなれない。総理を目指す個人からみると、議院内閣制で総理になるのは非常に道のりが遠いんですね。まず国会議員になって、過半数を要するような大きな政党のトップになって、やっと総理。結構、遠いわけです。

――安倍晋三首相は長期政権だとはいえ、日本の場合、アメリカの大統領のように8年もやる総理は少ない。総理にも首長10年論のような考えが当てはまるのでしょうか。

知事や市町村長には、7期、8期もやる多選のケースもあります。4年に一度の選挙で信任を得れば、何期でもやれるシステムになっているわけです。国会議員だって、当選回数の制限が設けられているわけではない。

大統領制の方が有権者にはわかりやすいシステムですね。日本では、先ほど徒党を組んでと言いましたけど、政党、会派を組みます。党員でない国民からみると、それだけ間接的になり、わかりにくくなります。

安倍さんは、国民にはそんなに人気がないと思っていたけど、政権を維持している。もし国民の投票で総理を選んだら、安倍さんは当選できないかもしれない。8年前の総裁選では、地方票は石破茂さんの方が多かった。党員の中でも、安倍さんの人気が高いわけではないというのが、如実に出ました。

――今春の新型コロナウイルスの感染拡大で、安倍首相の対応には批判の声が出ています。

安倍さんは緊張感を失いつつあるように思えます。国のトップは四方八方の意見を聞き、過ちのないように熟考を重ねて、判断を下さなくてはなりません。しかし、安倍さんを見ていると非常に軽々しさが目につきます。学校の休校は一見大胆な判断なようでいて、詰めが甘い。国民への補償も一度出した方針を変えました。朝令暮改、軽佻浮薄と言わざるを得ません。長期政権の緩みからなのか、言葉が軽く、政策の荒々しさが目立ちます。

――武村さんは、知事は一番仕事のできるポストといいます。それは国の政策に相反する場合に、どこまで力を発揮できるのでしょうか。

今の多くの知事は冒険というか、やんちゃをしませんね。例えば、琵琶湖条例を制定しようとした時、関連する省庁からはこぞって、憲法上疑義がある、と言われたんです。国は条例に反対の姿勢だった。それでもゴーと、制定する方向に決断した。時代性の違いなのか、時代がそうさせたというか。私の生きてきた時代をものさしにして、今の知事を語るのはよろしくないのかもしれません。それにしても、何か全般に今の時代というのは、静か過ぎる。活力がありませんね。

知事という公職についた時、大過なく務めるかどうか、という判断が一つあるんですね。少しやんちゃ、冒険をすれば、失敗の可能性もある。だから前例踏襲で、あるいは四方八方を見渡して、みんながやっていることを我が県もやるというのであれば、安全で大過は起こらない。で、どっちかというと、今は大過なき主義が蔓延している。

先ほども言いましたように、これは政治に限らず、日本全体が成長期と違って、一定のレベルで落ち着いている。成熟という言葉がいいかどうか知りませんが、てっぺんを終わった時を生きている今の日本人は、財界であれ学者であれマスコミであれ政治家であれ、大過なくという考え方が非常に広がっている。知事という仕事もその中にある。だから結果論として、個性のない時代、個性を競い合う時代ではないと言える。私らの時代は高度経済成長期であり、それなりに個性を競い合い、それが評価される時代だった。今は違いますね。みんな大過なく、平凡に間違いをしないことばかりを意識しているように感じて仕方がありません。

——何かドラマチックな政策をやろうと思った時、抵抗勢力であったり、阻害する何かであったりするものがあるのでしょうか。

想像されるほどはないんです。国から圧力などというよりも、むしろ本人の意欲があるかないかの方が大きいと思いますね。

——知事の連携が国の対抗軸になった例として、大津市の大戸川ダム事業があります。このダム事業に反対だった滋賀県の嘉田由紀子知事は、下流の京都府の山田啓二知事、大阪府の橋下徹知事と組んで反対を表明し、国は計画を凍結しました。

大戸川ダムに流域の知事たちが反対した時期というのは、国全体で言えば大型の公共事業の反省期だったと思うんですね。だから、河川改修にせよ、高速道路にしろ、港湾にしろ、大型の公共事業そのものに対する批判が強まってきて、考え直す時期に来ていた。特にダムは一番わかりやすいテーマ。全国的にも、ダムはややネガティブにみられる時代だった。その裏表の関係で環境主義と言うか、環境を重視するという考え方も逆に広がってきたわけですけども。琵琶湖条例のような具体的な環境政策を一つの小さな自治体が推進した、国が反対や批判をめげずに推し進めたというのは、やっぱり、大型公共事業が批判され、環境主義が評価される時代の、ちょうど分岐点に来ていたからだったといえるかもしれません。

——国と地方の意向が食い違う典型的な問題が沖縄の基地です。沖縄の人たちは知事選、住民投票で辺野古への基地移転に反対する民意を示したが、国は聞き入れることなく埋め立てを継続しています。玉城デニー知事が辺野古の問題点などを指摘し続けていますが、政府は一顧だにしません。

国の事業の中にも、国が主体の仕事と、地方が主体の仕事があります。琵琶湖条例とか大戸川ダムとかは、やや地方的なテーマと言えます。ダム事業などでは、地方が真っ向から反対したら拒否できないなあと、国はひるんでしまう。だから地方の言い分に耳を傾けてくれる。

ところが、沖縄・辺野古の基地問題はストレートに国の問題、しかも安全保障、防衛という国の利害に直結する大きなテーマです。知事選や住民投票で何度も県民が基地移転に反対を表明しても、国の意思は非常に強固で、県民の民意に従わなかった。国をかばうつもりはないけど、基地問題は極めて国家的な事業だということなんです。一地方の利害を遥かに超えるテーマだったという見方もできるわけです。辺野古への基地移転もダムも国が主体の事業なんですけど、米軍まで関わるような巨大な事業と、一つの地方のダム建設という事業とは、かなり扱い方が違うのかもしれません。新幹線とか高速道路とか辺野古の基地とか、国の根幹に関わる問題になると、国はそう簡単に譲歩しませんね。

――先ほどは、知事は大統領と同様に直接県民から選ばれている立場から、大抵のことはできると言われました。しかし、知事であっても国家に関わるテーマの政策は動かせないわけですか。

国の根幹に関わるような事業だと、それを変えたり真っ向から反対したりするのは容易でないですね。まあ、基地の問題でも新幹線でも、工法を変えるとか、ちょっとルートを変更するとか、そのくらいの譲歩を国がすることはあるでしょう。滋賀県でも名神高速道路は当初の計画では、もっと東海道線寄りにルートがあった。しかし、その予定地は集落も田んぼも多いから、猛烈な反対がバーっとあって、それじゃあと抵抗の少ない山の方にルートを変えたという経緯があります。

それくらいまでは国も柔軟なんです。しかし、高速道路の計画に絶対反対、滋賀県を通すな、となると、国は容認しないでしょうね。

――そうなると、沖縄の基地問題を解決するにはどうしたらいいのでしょう。国と米軍の話し合いがつかなければ、解決できないのでしょうか。

そう言えるかもしれませんね。極東を中心にした世界戦略であのロケーションは決まっていますから。米軍からみれば、日本の国情を遥かに超えたテーマです。だから、やめるとか大きく変えるとか容易でないですね。

――市や町との関係をお聞きします。知事の政策実行が市や町に妨げられるケースはあるのでしょうか。

市町村との関係では、公共工事をめぐっても地元から意見や要望が出ます。地元の利害も絡まっていますから、大なり小なり賛否がありましたね、大きな河川改修とか、高速道路のルートとかね。

例えば、私は県庁の移転をやりたかったのですが、大津市は市議会が満場一致で反対の決議をしてダメと言い、続いて条件反射のように湖西、草津、栗東《りっとう》のあたりもだんだんと反対の動きを見せ始めました。それで、これはもうできないなあと判断した。市町の反対で潰されたというか、知事からみれば実現できなかったケースです。しかし、多くの政策は、多少反対はあっても条件をつけたり、部分的な修正をしたりして、最後は納得してもらった。そうやってできた政策の方が、はるかに数が多いと思います。

市長や町長らとの対話、話し合いでだんだん理解が深まったり、誤解が解けたりして、「それじゃしょうがないなあ」とややネガティブな雰囲気のまま県と市町が合意することが結構ありましたね。

――次に知事と議会の関係です。所属する、または支持を受ける政党によって、議会は与党と野党に分かれます。少数与党であっても知事は強い力を持っていると言われましたが、政党の違いは政策実行の邪魔にならないのでしょうか。

武村県政はオール与党でしたから、結果論として私の側に特定の政党の色がなかった。最初は明快な反自民だったんですけど、最初の4年間でそれが消えて、後の8年間は無色。割合政党の利害が絡む問題が起こらなかったのかな。オール与党というのは面白いもので、何かあまりスッキリしない、曖昧というか妥協的な雰囲気を感じさせますけど、体験から言うと実際は極めてスムーズに県政が進みました。

ただ、オール与党はオール野党だと私は思っていたし、口にしたこともある。何かあるとわーっと一斉に裏返って、反対に回りそうな気配はありました。いわゆる独裁体制、独裁政治ではなかったですね。オール与党イコール独裁ではない。

――地方の選挙では、国の与野党がこぞって同じ候補を公認、推薦するケースがまま見られます。国の政党の違いと地方の政党の違いは別だとは言え、有権者からみるとわかりにくい、理解しがたい部分がある。中央では、自民一強に対抗するため野党が結束するといった動きを取りながら、地方では自民と野党が一緒になって1人の候補を応援している姿を見ると、有権者は何だかよくわからないなあ、となります。

有権者に疑問、批判があるのは当然と思いますが、その批判の方が間違っていると私は思います。当事者から見ればね。国の政治の構図と地方の政治の構図が一緒でないとおかしい、というのが間違っていると。地方はそれぞれの個性的な理由から国とは違った独自の政治の形がある、それがまさに地方自治だと思います。そこを理解してくれずに、一緒でなきゃおかしい、という考え方がおかしいと。

むしろ、そうした批判が観念的と言うか、形式主義だと言えるかもしれません。私の場合、共産党も含めて与党でした。当然国では与野党で分かれていましたし、与党と野党が対立する政治が続いていました。だけど、この滋賀だけは一体だった。でもその点について、国と違うじゃないか、けしからん、という批判はなかった。

国の政党は、政治の体制論とか、国のあり方そのものの違い、考え方の違いで対立しているわけで、野党も東京で主張していることを滋賀県ではあまり言いません。琵琶湖総合開発をどうするかとか、ダムはどうかとか、そういうアプローチをしますから、割合一致するんですね。イデオロギーでなしに。地域個別の問題について議論をすると、各党の議員らは地域の問題を理解したうえでどうするかを話し合うわけだから、そこにイデオロギーは関係ありませんね。

――知事時代、武村さんが呼びかけた知事の勉強会があったそうですね。

残念ながら、会に名前をつけなかったんだけど。つければよかったなあ。私が思いついて、人選をして声をかけて、知事会がある夜とかに3回くらい会合をやった。

――「地方の時代」のはしりの頃であり、「文化の時代」と呼ばれた時代でもありました。武村さんはどういうことがしたいと思って会を始められたのでしょうか。

知事の3期目のころでしたが、自分が国会に行くということも、まだ鮮明に頭になかった。だから、必ずしも国政を見て、何かを主張したいというわけでもなかったんです。私の当時の心境としては、やや広い視野で知事を約10年経験してきて、その前提で日本の国を考える、世界を考える、そういう気持ちが芽生えてきた。それで47都道府県を見渡すと、ユニークな個性的な活動をしている知事が何人かいるなあと。彼らと集まって、形式張った知事会ではなくて、日本のあり様だとか、地方のあり様だとか、本音の議論を真剣にしてみたいなあという気持ちになったんですね。

――メンバーはどんな人たちでしたか。

北海道の横路孝弘さん、神奈川の長洲一二さん、熊本の細川護熙さん、島根の恒松制治さん、大分の平松守彦さん。他に誰だったかな。とにかく7、8人くらいを私が人選して電話で誘って、じゃあいっぺん知事会の前後に寄りましょうか、まあ議論してみましょうかと。それで始まった。

きっかけは知事会ですね。毎年3、4回、知事会の会合があるんですけど、形骸化していて、議論がないんですよ。良い発言がないというか、通り一遍の質問はあっても、まともなテーマで侃々諤々の議論がない。毎回いつもそんな会合をやっているものだから、これじゃダメだという感想を持っていました。

海外ではもうちょっと知事は尊ばれているし、活躍している。アメリカでは知事が大統領になるくらい評価されている。それに比べて日本の知事は静かな集団で、世の中をリードするようなことを何もしない。それで知事の中で比較的ものを言っている、活躍してそうな人を探して、選んだ。声をかけるとみんな賛成してくれた。規約をつくるとか、あんまり形式張ったことをしたら嫌われると思ったから、ふわっと始めたんです。知事会で話題になった年間テーマを絞って、次回は何をテーマにしようとか話し合って決めました。新聞に1回も会に名前もつけなかったし、こっそりやっていてオープンにしなかった。

載ってないと思います。3回くらい会合を開いて、細川さんや私が知事を辞めて国会に出ていったことなどもあって、壊れてしまったんだけど。国に対する注文などもありましたから、もうちょっと議論すれば、一致してモノをいうこともできたんじゃないかな。

——先進的な知事たちの集まりだったと思います。形骸化した知事会をどうにかしようというのが、会合のメインテーマだったのですか。

そういう議論もしました。呼びかけた私個人には、知事会を本音で動かしていこう、国政に対してモノを言っていこう、という意欲というか、アンビシャス、野心みたいなものがありました。ただ、細川さんや長洲さんがどこまで思っていたかはわかりません。まあ、会って本音で話をすれば、割合気持ちは一致していましたね。横で見ていた四元義隆さんから、「あんたらみんな国会に出ていって、日本の政治を占領せえ」と言われたことがあった(笑)。

——四元氏は戦前の右翼団体による「血盟団事件」のメンバー、戦後は歴代首相の「影の指南役」と呼ばれた人で、武村さんも親しかったそうですね。武村さんらの集まりは、改革派知事のはしりとも言えます。その後、1990年代に入って、橋本大二郎さんや北川正恭さん、片山善博さんら改革派と呼ばれる知事たちが登場しました。その当時、武村さんはすでに国政の中枢にいました。彼らとは何か接点があったのですか。

何もなかったですね。会合に集まった私らとはワンクッションおいて、彼らが動き出したんだけど、つながりはなかった。北川さんはよく知っている仲で、ちょくちょく話に来たけど、知事のグループとして関わったことはなかったです。官房長官や大蔵大臣だった頃、個別に県の要望をしに来たことはあったんでしょうけど、改革派のメンバー連名で何か求められたことはなかった。彼らも結束はしていなかったから。

――改革派知事の後、大阪の橋下徹さんらが国と地方の関係の歪みを指摘し、地方分権、地域主権を求める動きに勢いをつけました。ところが今、地方側のイニシアチブを持った動きが影を潜めています。今の「地方創生」は、国が地方の計画を補助する性格が強く、国が地方のために何かしてあげますよ、という制度。地方に主導権はないように思えます。なぜ状況が変わったのでしょう。

その答えは難しいんだけど、戦後75年たった日本が今、どういう状況にあるかに関連していると思うんです。何も地方自治の関係者だけの問題ではない。中央の政治家も個性的でなくなったし、財界も学者もマスコミも含めて、活力が見られない。

戦後70年を超えて、日本全体が経済的には一定の成功を収めたものの、その成功の上にあぐらをかいて、どっぷり浸かりながら暮らしている。そういう日本人の意識がある。

今の経済レベル、経済状況はそれほど活発じゃないし、成長もさほどないんだけど、でも一応先進国の仲間入りをして、高い所得レベルの国と意識していて、その日本で生きることに、みんなが満足をしてしまっていて、また納得をしてしまっていて、どっぷり浸かってしまっている。地方自治の関係者だけの問題ではなく、日本という国全体が、日本人全体がそういう雰囲気になってしまっているんじゃないか。そう見ているんです。

成功した時代と言うか、成熟した時代という言い方もできるかも知れませんが、そういう時期というのは、なかなか活力が出てこないものなんじゃないか。具体的な改革のアイデアが出てこないのではないか。だから、また厳しい時代がやって来て、世界的にも国内的にも個々の置かれた状況がもう少し厳しい状況になってくれば、そこでやっとまた、日本人が目を覚まして、まだ頑張り出すんじゃないか。そこからまた新しい改革とか、いろんな新しい動きが始まるであろう。成功の上にどっぷり浸かって、あぐらをかいているような今の状況では、何かモノを言っても人々は動かないし、感じない。

香港の民主化デモを見ていても、何かよそ事みたいですよね。日本では、それと連動した動きがほとんどない。ストライキとか、大規模なデモとか、日本では見かけられなくなった。そういった現状の中にあって、地方に個性的な首長が最近、見当たりませんよね。国会議員の中にも個性的な人物がいないんですよ。これがまさに、戦後75年の日本の状況なんです。私はそう見ています。

――成熟した時代は、なかなか新しい動きが出にくい状況だということですね。ただ、状況はすでに下り坂にさしかかり、厳しい時代が始まっている気もします。今の若者は車を買わない、レジャーに金をかけない、ゲームばかりしてる、という話をよく見聞きしますが、実はそうではなくて、彼らは金がないからできないのではないか。子ども食堂の増加を冷静に見れば、生活の厳しい家庭が増えていることとイコールではないか。先進国と信じられている日本はすでに、生活レベル、経済レベルが相当落ちているのではないか。なのに、政治に対する怒りは大きくならないし、選挙など政治参加の意識も薄いように思えます。

デモもストも起こらないんですね。若い人は問題意識を持っていないんだろうか。香港のデモをどう見ているんだろう。まだ、経済的には親の世代がカバーして、実質は困っていないのですかね。

――いま、50、60代はまだ経済力があって、その子どもにあたる世代を経済的にカバーできて

県政の課題を語り合う（左から）武村正義元知事、嘉田由紀子知事（当時）、三日月大造衆院議員（同）（2014年４月）朝日新聞社提供

いるのかもしれません。だから、進みつつある貧困に気づきにくい。しかし、10、20年後には、どの世代も貧困を実感する状況になるかもしれません。

そうかもしれませんね。ただ、ある段階に来れば、日本の若者も急に目を覚まして、新たな行動にまた立ち上がると私はみている。そういう能力、要素はあると。だけど今は眠っているというか、どっしり恵まれた環境にあぐらをかいていてね。

変革は時代が生み出すものだと、そういう目で日本の歴史を見ると、ある時代状況になるとバーっと人物が登場してきて、画期的な行動が次々に起こる。戦国時代がそう。江戸時代は200年くらい割合穏やかだったけど、終わりになってくると維新の動きが現れてくる。過去を振り返れば、何か大きく変わるときには誰かが出てくる。

今は何か萎えてしまって、そういう能力が表に出ていない。でも、変革の段階が訪れた時には、日本人は優秀、その言い方はちょっと褒めすぎやけど、ちゃんとした能力を持っている。立ち上がる能力を持っている民族だと、私は思っています。

参考文献

武村正義『水と人間―びわ湖からの報告』第一法規、１９８０年
武村正義『「草の根政治」私の方法―敵こそ味方なり』講談社、１９８６年
武村正義『小さくともキラリと光る国・日本』光文社、１９９４年
武村正義『私はニッポンを洗濯したかった』毎日新聞社、２００６年
御厨貴／牧原出編『聞き書　武村正義回顧録』岩波書店、２０１１年
武村正義『ムーミン・ハウスの窓から―武村正義著作集』中央公論事業出版、２０１６年

＊

アイリーン・Ｍ・スミス／鈴木紀雄／渡辺武達『琵琶湖と富栄養化防止条例』市民文化社、１９８１年
板垣英憲『武村正義のマキャベリズム』ＤＨＣ、１９９４年
上原恵美『次世代への贈りもの―滋賀の文化政策　１９７０年代から21世紀へ』サンライズ出版、２００８年
嘉田由紀子『知事は何ができるのか―「日本病」の治療は地域から』風媒社、２０１２年
金子淳一『昭和激流　四元義隆の生涯』新潮社、２００９年
樺嶋秀吉『知事の仕事―一票が地域と政治を変える』朝日新聞社、２００１年
司馬遼太郎『対談集日本人の遺言』朝日新聞社、１９９９年
関根英爾『武村正義の知事力』サンライズ出版、２０１３年

日本地域社会研究所『草の根民主主義』新人物往来社、1974年
琵琶湖条例の記録編集委員会『美しい湖を次代へ琵琶湖条例制定のあゆみとその後』ぎょうせい、1983年
琵琶湖ハンドブック編集委員会 編／内藤正明 監修『琵琶湖ハンドブック』滋賀県、2007年
八幡和郎『歴代知事三〇〇人―日本全国「現代の殿さま」列伝』光文社、2007年
遊佐雄彦『琵琶湖を沸かせた男―草の根知事奮戦記』講談社、1978年

あとがき

3年ほど前、ちょっとお願いしたいことがあると武村さんに呼び出された。またカラオケのお誘いかなと出かけると、「私の知事時代を本にできないか」という。それも、「〇〇〇〇のような物語がいいなあ」と大作家の名前を挙げられ、思わず吹き出してしまった。

初めてお会いしたのは、滋賀県に赴任した2006年春。病気で政界を退いたと聞いていたが、約180センチの大きな体はすこぶる元気そうだった。国や滋賀県の裏話をされる時、これまで取材した多くの政治家と違って、斜に構えたり、もったいぶったりするそぶりはなく、初対面の私にも丁寧に自然体で語ってくれた。

以来、知事選などの節目にインタビューをしては記事を書いた。食事やカラオケに誘ったり誘われたりするようにもなった。私が兵庫県豊岡市に転任すると、秘書の下中善一さんと2人で遊びに来て下さったこともあった。なぜか私を気にかけて下さった。

とは言え、出版の依頼には面食らった。長年、新聞記事は書いているが、本となると話は別だ。武村さんは自身で書かれた著作が多く、知事時代についてはすでに『武村正義の知事力』という良書が出ていた。なかなか難しい話だなあと、半ば他人事のように考えつつ、それでも依頼を受けた以上、知事時代について少し調べてみた。

これが面白い。現職知事と一騎打ちの選挙戦。県を牛耳る業者と神経をすり減らすようなせめぎ合い。琵琶湖の水質を守るため国などに立ち向かう政策の立案作業。もうダメだ、万事休す、という瀬戸際から逆転勝利する。ドラマチックな展開の数々だった。

そして、出版に向けたインタビューを始めると、「知事はドラマチックを念頭において仕事をしたほうがいい」という。そう、有権者を政治に惹きつける「ドラマ」が武村県政のキーワードだった。

政治とドラマと言えば、郵政民営化を目指す小泉首相が衆院を解散し、自民党内の反対派に刺客を擁立した「小泉劇場」「劇場型政治」が思い浮かぶ。その系譜は、アジア各国や過去の民主党政権を「仮想敵」として非難する安倍首相の手法にもつながるように思う。

劇場型政治は勢力の維持、拡大が目的であり、政策の是非は脇に置かれる。佐伯啓思・京大名誉教授は2017年10月の朝日新聞コラムで、小泉首相や民主党政権、橋下知事らが唱えたのはいずれも「改革」であり、「四半世紀にもわたって、日本の政治はひたすら『改革』によって動いてきた」とし、そのほとんどが失敗したと指摘。そして、「民主主義は、もっぱら『劇場政治』と『ポピュラーリズム（原文まま）』へと帰着した」と断じた。さらに、野党は少子高齢化へ向かう日本社会の将来像、国際関係の見取り図、憲法や安全保障などの問題から逃げず、安倍政権の政策に対抗する政策を打ち出すのが役割と論じている。

佐伯氏が述べるように、政治で最も大事なのは政策だ。武村県政の「ドラマ」は「劇場型政治」と一線を画す。10回以上に及ぶインタビューで武村さんは、「この政策がうまくいくなら、いつ辞めてもいい覚悟だった」と何度も口にした。権力にしがみつかず、ドラマは政策を実現するために県民の理解を深める手法であり、政策は県とそこに暮らす県民の利益のためという姿勢だ。

その姿勢の根幹には、「仕事をしたい」という思いが貫かれている。政策を実現する仕事ができるかどうか。国会に行くとき、自民党を選択した理由も、そこに尽きる。そして、最も仕事ができたポストだから、武村さんは「知事が最も面白い」と言い切るのだ。30～40年前の武村県政は、現在の地方政治、地方自治の状況を見つめ直す有効なものさしだと思う。

地方で勤務し地方自治を取材してきた身として、武村さんの知事時代を紹介できる機会を得られたのは幸せだった。武村さん本人はもちろん、取材に応じていただいた皆様に感謝します。特に、内容をチェックしていただいた武村事務所の町田朱実さん、遅々として進まない原稿を粘り強く待って下さった風媒社の林桂吾さんには大変お世話になりました。ありがとうございました。この本を手に取られた読者の皆様にも心からお礼を申し上げます。

新井正之

［著者紹介］
新井正之（あらい・まさゆき）
1960年横浜市生まれ。同志社大学大学院中退。1986年朝日新聞入社。兵庫、奈良、徳島、岡山などで勤務し、約11年を滋賀で過ごす。現在、大阪本社地域報道部。テーマは公共事業や地方自治など。犬に関する記事も多数。

たたかう自治《じち》——知事《ちじ》・武村正義物語《たけむらまさよしものがたり》

2020年9月1日　第1刷発行　（定価はカバーに表示してあります）

著　者　新井 正之
発行者　山口 章

発行所　名古屋市中区大須1丁目16番29号
電話 052-218-7808　FAX052-218-7709
http://www.fubaisha.com/
風媒社

乱丁・落丁本はお取り替えいたします。
＊印刷・製本／シナノパブリッシングプレス
ISBN978-4-8331-1136-2